Johannes Zenker

... und plötzlich Pilger

...UND PLÖTZLICH PILGER

JOHANNES ZENKER

Wie ein All-inclusive-Urlauber
sich selbst, Gott und
ungeahnte Freiheit entdeckt

adeo

ATLANTISCHER OZEAN
Ribadeo
Gijón
Vilalba
Navia
Avilés
Mondoñedo
Miraz
Santiago de Compostela
Arzúa
SPANIEN

Inhalt

FRANKREICH
Llanes
Santander
Gernika
Irun
Comillas
Laredo
Bilbao
San Sebastián
CAMINO DEL NORTE

... und schon gehts los

KANN MICH MAL BITTE jemand kneifen? Es ist 7.30 Uhr, ich bin hundemüde und sitze allen Ernstes in einem Fernbus, der mich nach Spanien kutschieren soll. Zum ersten Mal in meinem Leben verreise ich allein, und das für mindestens einen Monat. Denn ich habe mir in den Kopf gesetzt, den Jakobsweg zu gehen. Ich!

Nun bin ich mit meinen 30 Jahren zwar kein Kleinkind mehr, ein bisschen mulmig ist mir aber doch zumute. Plötzlich sind sie alle wieder da meine Zweifel: Habe ich an alles gedacht? Werde ich mich verständigen können? Und kann ich das körperlich überhaupt schaffen? Die Wahrheit ist: Ich bin noch nie gewandert und treibe auch sonst keinen Sport; offen gestanden besitze ich nicht mal ein Fahrrad. Meine Zuversicht, diesen 830 Kilometer langen Fußmarsch zu überstehen, beruht einzig und allein darauf, dass es auch Rentner schaffen. Irgendwie muss man sich ja Mut machen. Aber reicht das wirklich als Argument für eine Pilgerreise?

Für einen Augenblick ziehe ich ernsthaft in Erwägung, den geplanten Trip als riesengroße Schnapsidee abzustempeln und im letzten Moment zu türmen. Warum will ich es mir so schwer machen? Ich befinde mich am Kölner Flughafen, und noch hat sich der Bus nicht vom Fleck bewegt. Ich könnte einfach aussteigen, in den nächsten Ferienflieger springen und für ein paar Wochen irgendwo untertauchen. In einer Wellnessoase zum Beispiel auf einer einsamen Insel in der Südsee. Dort könnte ich den ganzen Tag die Füße hochlegen, anstatt sie unter Höllenqualen durch den bergigen Norden Spaniens zu scheuchen.

Aber halt! Ein bisschen oberflächliche Erholung ist ja gerade nicht das, was ich mir von dieser Reise verspreche. In den vergangenen sechs Jahren waren meine Frau und ich viermal im Urlaub: viermal auf den Kanarischen Inseln, viermal all-inclusive. Das war zwar jedes Mal ganz nett, eine nachhaltige innere Zufriedenheit hat sich aber nicht eingestellt. Auf Dauer macht es eben doch nicht glücklich, sich jeden Abend schon vor dem Salat das beste Stück Kuchen zu sichern. Da muss es doch mehr geben. Ich sehne mich nach echter Erholung und möchte herausfinden, was ich wirklich brauche im Leben und was Ballast ist, den ich abwerfen kann. Deshalb versuche ich es jetzt mal mit Pilgern und wähle bewusst den einfachen Lebensstil. Zwar auch in Spanien, aber immerhin.

Gott sei Dank, wir rollen los. Erleichtert lasse ich mich in mein Polster sinken und atme durch. Nun gibt es kein Zurück mehr! Wenn alles glatt läuft, werden mich drei Busfahrer innerhalb von 20 Stunden nach Irun chauffieren, eine spanische Kleinstadt kurz hinter der französischen Grenze – und das für einen absoluten Spottpreis von 53 Euro!

„Bis vor zwei Jahren hat die Fahrt das Doppelte gekostet", erklärt mir kurz vor der Abfahrt ein schläfriger Mitarbeiter am Schalter. „Dann hat der wachsende Konkurrenzkampf zu massiven Preissenkungen geführt. Völlig verrückt", gluckst der Mann und schüttelt den Kopf.

So ganz erschließt sich auch mir diese Rechnung nicht. Außer mir sitzt nur ein halbes Dutzend Portugiesen in diesem Bus, der Platz für mindestens 60 Personen bietet. Sieben Passagiere und drei Fahrer, von einem solchen Betreuungsschlüssel können Kindergärten nur träumen. Besonders ertragreich scheint mir das nicht zu sein. Egal! Ich will mich nicht beklagen und singe ein stilles Loblied auf die Prinzipien unserer Marktwirtschaft, die mir am heutigen Tage niedrige Preise bescheren. Sollte ich etwa doch noch zum FDP-Wähler werden? Ich will doch schwer hoffen, dass dies keine Erkenntnis ist, die der Jakobsweg in mir zutage fördern wird!

Aber was genau habe ich überhaupt vor? Einsame Buchten, endlose Strände und eine traumhafte Steilküste – das klingt eigentlich mehr nach Urlaubsparadies als nach einer Pilgerroute. Der Camino del Norte weist jedoch genau diese Merkmale auf und ist einer von zahlreichen Jakobswegen, die nach Santiago de Compostela führen. Dort liegt der Überlieferung zufolge das Grab des Apostels Jakobus, dem angeblichen Missionar der Iberischen Halbinsel. Seit dem 9. Jahrhundert pilgern Menschen zu diesem Ort, um den Apostel zu verehren und ihren Glauben unter Beweis zu stellen, oft verbunden mit der Hoffnung auf Vergebung ihrer Sünden.

Die Strecke verläuft fast parallel zum klassischen Camino Francés, nur 100 bis 150 Kilometer weiter nördlich entlang der Atlantikküste. Auf meinem Weg durchquere ich das Baskenland, Kantabrien, Asturien und Galicien; die bekanntesten Städte heißen San Sebastián, Bilbao und Gijón. Seit 2015 zählt der Camino del Norte zum Welterbe der Unesco. Er gilt zwar als anstrengender, aber auch als landschaftlich schöner und nicht so überlaufen wie der Francés.

Eine 20-Stunden-Tour im Reisebus – allein das klingt für viele nach einem Horrortrip. Ich dagegen bin von meiner Fahrt begeistert. Vor allem Frankreich gefällt mir außerordentlich gut. Seit einer Ewigkeit klebt meine Nase an der Scheibe, weil ich wie hypnotisiert auf die malerischen grünen und gelben Landschaften starre, die an meinen Augen vorüberziehen. Der Norden scheint aus einem einzigen großen Feld zu bestehen mit schier unendlicher Weitsicht. Kein Wunder, dass die französischen Präsidenten stets für ihre Landwirte kämpfen. Die kostenlose Stadtrundfahrt durch Paris bildet das Sahnehäubchen. Einzig der schale Geruch nach Urin, der aus der Bustoilette strömt, trübt das Vergnügen ein wenig. Aber immerhin weiß er meinen eigenen, nicht mehr ganz so taufrisch anmutenden Duft zu übertünchen.

Wir durchqueren unser Nachbarland komplett von Nord nach Süd. Für jemanden, der als Kind gebannt die Tour de France verfolgt hat, aber noch nie hier war, ist das ein echtes Erlebnis. Ein bisschen fühle ich mich wie Jan Ullrich, nur natürlich ohne Doping im Blut – und ohne Beinmuskeln. Aber die will ich mir ja in den kommenden Wochen erarbeiten.

Während mein Blick auf dem farbenfrohen Flachland ruht, grüble ich darüber, was ich mir außer Erholung von meiner Reise erhoffe. Schon seit Langem wünsche ich mir die nötige Zeit und Ruhe, um mich den existenziellen Fragen zu widmen: Gibt es Gott? Und hat das Leben einen Sinn? Manchmal ist mir nämlich so, als habe es mit dem Menschen gar nicht viel auf sich. Ich möchte diese Gedanken sortieren und am liebsten wieder verwerfen. Puh, klingt wie der Arbeitsauftrag für eine Doktorarbeit. Wenn ich nur daran denke, raucht mir schon der Kopf. Aber mich beschäftigen diese Fragen nun mal, und es wird Zeit, dass ich ihnen auf den Grund gehe. Brexit, Donald Trump und Klimawandel haben jetzt Sendepause – ich kümmere mich um das große Ganze!

Meine momentane Beziehung zu Gott ist eher kompliziert. Ich würde mich als gut ausgebildeten Christen bezeichnen, der die Bibel halbwegs kennt und das Vaterunser recht flüssig beherrscht. Eine echte Fachkraft also, die seit Jahren auf eine Vertragsverlängerung wartet, sich aber weigert, nur mit den Stellvertretern des Chefs zu verhandeln. Dazu sind meine Zweifel an der Existenz des Bosses zu groß geworden. Einen Stift trage ich aber jederzeit bei mir, falls er doch noch aufkreuzen sollte, um mir ein Angebot zu unterbreiten.

Und ich hoffe, dass es dazu kommen wird, dass es Gott gibt und dass ich auf meiner Reise nach Santiago kleine Spuren von ihm finden werde, mag das auch naiv klingen. Der Jakobsweg scheint mir auf jeden Fall der logische Ort zu sein, um meine Detektiv-Karriere zu beginnen. Viele Menschen, die gepilgert sind, behaupten schließlich, Gott begegnet zu sein. Dann kann das doch nicht so schwer sein. Auch Hape Kerkeling will ihn auf seinem Camino getroffen haben.

Mit einem breiten Grinsen im Gesicht klettere ich nachts um 3.00 Uhr in Irun aus dem Fernbus. Endlich am Ziel, denke ich mir – was natürlich absurd ist, denn vor mir liegen Hunderte Kilometer Fußmarsch. Weiter entfernt von einer Ziellinie könnte ich gar nicht sein. Trotzdem tut es gut, nach der langen Fahrt wieder frische Luft zu atmen.

„Nur die Treppen hoch, dann kommst du zum Bahnhof“,

ruft mir der beleibte, gerade am Steuer sitzende Fahrer hinterher. Meine späte Ankunft hat nämlich einen Haken: Ich habe mir kein Zimmer genommen. Im Vorfeld hatte ich gelesen, dass echte Pilger um spätestens 7.00 Uhr ihre Wanderstiefel schnüren. Mich für drei, vier Stunden irgendwo einzuquartieren, erschien mir albern. Stattdessen plane ich, die Zeit als Obdachloser am Bahnhof zu vertrödeln, bis ich bei Anbruch der Dämmerung meinen Pilgermarathon beginnen kann.

Das nächtliche Irun ist wie ausgestorben. Auf dem Weg zum Bahnhofsgebäude sehe ich niemanden, und das Einzige, was ich höre, sind meine Schritte auf dem feuchten Asphalt. Es muss geregnet haben. Die kleine Halle mit den gläsernen Schiebetüren ist leider verschlossen, sie liegt wie alles hier im Dunkeln. Was solls, dann bleibe ich eben draußen.

Gähnend lasse ich mich in der Nähe des Eingangs in einer überdachten, matt beleuchteten Ecke auf die kalten Fliesen fallen. Welch ein bezauberndes Plätzchen für meine erste Nacht. Vor meiner Nase stehen bunte Automaten mit Getränken und Süßkram, dahinter erstrecken sich die verwaisten Gleise. Zu meiner Rechten liegt die Halle, und linker Hand umrundet eine Einbahnstraße einen großen, von Pollern begrenzten Bereich für Fahrräder. Ganz schön gruselig hier in diesem schaurig-gedämpften Licht. Von Mond und Sternen ist keine Hilfe zu erwarten, dazu hat sich eine viel zu dichte Wolkendecke vor den Himmel geschoben.

Nachdem ich eine Weile vor mich hingedöst habe, zucke ich plötzlich heftig zusammen. Eine leere Flasche rumpelt lautstark über den Boden. Bitte nicht! Auf Gesellschaft kann ich jetzt gut verzichten. Sofort blicke ich Richtung Bahnsteig und sehe, wie sich ein schwarzer Schatten langsam um die Ecke des Gebäudes schiebt. Na toll! Im Schummerlicht taucht die Silhouette eines älteren Mannes auf, der mit leicht abstehenden Armen auf mich zugewankt kommt.

„Anbulantzia, anbulantzia", stöhnt der Mann mit rauer Stimme. Wie ein Zombie nähert er sich schlurfenden Schrittes. Das darf doch nicht wahr sein!

Erschrocken springe ich hoch und starre ihn mit weit aufgerissenen Augen an. Mir stockt der Atem. Seine gesamte Stirn ist blutverschmiert! Ich komme mir vor wie in einem schlechten Horrorfilm. Fehlt nur noch, dass eine der Neonröhren über unseren Köpfen anfängt zu flackern.

Erst als der Mann vor mir zum Stehen kommt, erkenne ich das ganze Ausmaß seiner bestialischen Verletzung. Ich glaube, mir wird schlecht! An der rechten Seite seiner Stirn klafft eine tennisballgroße Fleischwunde. Fassungslos schaue ich ihn an, ich habe das Gefühl, direkt auf seinen Schädel zu glotzen.

Der Verwundete selbst wirkt überraschend gefasst. Der etwa 70-Jährige sieht aus wie ein untersetzter Cowboy im Ruhestand, trägt blaue Jeans, ein rotes Karohemd, eine dunkle Weste und einen Dreitagebart.

Hektisch krame ich nach meinem Handy, um den Notarzt zu rufen. Währenddessen versuche ich, dem Mann mit Händen und Füßen begreiflich zu machen, dass ich kein Wort Spanisch verstehe. Was ihn jedoch nicht davon abhält, mich mit weiteren Sätzen in seiner Landessprache zu bombardieren.

Wie sich glücklicherweise schnell herausstellt, ist sein Englisch besser als gedacht, in jedem Fall nicht schlechter als meins, und so kommen wir ins Gespräch.

„Was ist passiert?“, frage ich und deute verzweifelt auf seine Stirn. „Sind Sie –?“

Der Mann unterbricht mich. „Hast du vielleicht ein Taschentuch?“, fragt er keuchend.

„Natürlich“, nuschele ich verwirrt und wühle in meinem Rucksack. So richtig Herr meiner Sinne bin ich nicht mehr. Kein Wunder nach der 20-stündigen Fahrt.

Dankbar zieht er ein Tuch aus der Packung und tupft sich die Stirn. „Mierda!“, flucht er und lässt das blutdurchtränkte Tuch vor Schreck zu Boden fallen. Dem Armen scheint die Dimension seiner Verletzung gar nicht bewusst gewesen zu sein.

„Wollen Sie etwas trinken?“, frage ich nun etwas geistesgegenwärtiger, als mir meine aus dem Rucksack ragende Wasserflasche ins Auge fällt. Der Mann nickt und nimmt einen kräftigen Schluck. Als ich erneut wissen will, warum er so übel zugerichtet ist, gerät er ins Stottern.

„Ein Mann …“, quetscht er mühsam heraus und zeigt auf seine Gürteltasche, „… wollte telefonieren … Akku leer“, dann ballt er die Faust und führt sie ruckartig zu seinem Kopf. Das gibt es doch nicht, was für eine Welt!

In diesem Moment dringt aus der Ferne Sirenengeheul an unsere Ohren, und keine halbe Minute später rauschen ein Krankenwagen und zwei Polizeiautos herbei. Mit quietschenden Reifen halten sie vor uns an. Ihr Blaulicht verwandelt den Bahnhofsplatz in eine Disco.

Vier Beamte und zwei Sanitäter springen aus den Fahrzeugen und knallen die Türen zu. Sofort schieben die Rettungskräfte den Verletzten zum Krankenwagen und bugsieren ihn im Inneren auf einen Stuhl. Dann leuchten sie ihm in die Augen und verpassen ihm einen Turban.

Einer der Polizisten widmet sich mir. Als er feststellt, dass ich nichts gesehen habe, bedankt er sich und teilt mir mit, dass ich nun gehen dürfe. Wie bitte? Völlig verdattert schaue ich den Ordnungshüter an. Ganz bestimmt nicht, denke ich mir. Angesichts der drohenden Gefahr in dieser Kleinstadt könnte ich mir gerade keinen schöneren Ort vorstellen als an der Seite von vier bewaffneten Polizisten.

Meine überraschte Reaktion entgeht dem Uniformierten nicht. „Wo übernachten Sie heute?“, will er nun stirnrunzelnd von mir wissen. Etwas zögerlich erkläre ich ihm meinen glorreichen Plan, noch ein paar Stunden an diesem Bahnhof ausharren zu wollen. Sein skeptischer Blick sagt alles. Der Mann guckt, als sei das die dümmste Idee, die er je gehört habe. Wahrscheinlich war das heute nicht sein erster Einsatz wegen nächtlicher Gewalt.

So schnell wie die Einsatzkräfte gekommen waren, sind sie auch wieder verschwunden. War wohl nichts mit Rundum-Bewachung bis zum Morgengrauen. Vielleicht wäre ein Bett für die Nacht doch keine so schlechte Idee gewesen, schießt es mir kurz durch den Kopf. Dann wische ich diesen völlig abwegigen Gedanken aber wieder beiseite. Sei kein Feigling, das stehst du jetzt durch!

Ausdruckslos mustere ich die Blutspuren und das knallrote, zusammengeknüllte Taschentuch auf dem Asphalt. Ich muss an meine Frau denken, die sämtliche Bedenken geäußert hat, die man vor einer solchen Reise äußern kann. Stets habe ich sie mit den Worten besänftigt, es gebe keinen sichereren Ort auf der Welt als den Jakobsweg. Und nun ist das Erste, was mir widerfährt, dass mich ein blutig geschlagener Spanier an einem gruseligen Bahnhof um

Hilfe bittet. Wenn ich ihr das erzähle, zitiert sie mich direkt zurück!

Erschöpft rutsche ich an der Mauer des Gebäudes auf den Boden und hole tief Luft. Ich fühle mich wie gerädert, dabei hat die erste Etappe noch gar nicht begonnen …

10. Mai 2019

Monte Ulia – In den Fängen der Sekte

WAS FÜR EIN TAG, bin völlig geplättet! Sollte diese Etappe der Maßstab gewesen sein, muss ich schon morgen die weiße Fahne hissen. Mann, bin ich am Ende! Die letzten Kilometer habe ich seitwärts zurückgelegt, anders wäre ich den Berg nicht mehr hinaufgekommen. Meine Oberschenkel waren taub und hatten keine Kraft mehr, um den Rest des Beins nach oben zu ziehen. Ich konnte buchstäblich keinen Fuß mehr vor den anderen setzen – so was habe ich noch nie erlebt!

Jetzt gerade sitze ich im Garten meiner Herberge, einem prächtigen Anwesen mitten im Wald, und schreibe in mein Reisetagebuch. Hier haben die Zwölf Stämme ihr Zuhause, eine Glaubensgemeinschaft, die optisch im 12. Jahrhundert nicht weiter aufgefallen wäre. Die Männer tragen einfache Stoffhosen und Hemden in tristen Grau-, Braun- und Beigetönen. Die Frauen verhüllen ihre Körper entweder mit langen Kleidern oder mit Röcken und Blusen im XXL-Format. Hauptsache, von ihrer Weiblichkeit ist wenig zu sehen. Dass hier Bärte und lange Haare schwer in Mode sind, muss ich wohl nicht extra erwähnen. Würde man den Herrschaften

Gitarren in die Hände drücken, könnten sie als Doubles der Kelly Family Konzerthallen füllen.

In meinem schlauen Reiseführer steht, böse Zungen würden behaupten, es handle sich bei den Zwölf Stämmen um eine Sekte. Die Wände des Badezimmers sind zumindest zugekleistert mit Botschaften von der Liebe Gottes und dem nahenden Weltuntergang. Böse Zungen also ... wenn das keine Sekte ist, fresse ich einen Besen. So ganz geheuer ist mir die Gruppe jedenfalls nicht. Wo sonst könnte ich aber besser mit meiner Suche nach Gott beginnen als hier?

Heute Morgen hätte ich mir nie träumen lassen, dass ich es so weit schaffen würde. Um 4.30 Uhr schließt ein Wachmann die Bahnhofshalle auf und lässt mich herein. „Sie sehen aber gar nicht gut aus“, versucht mich der ältere Herr erst gar nicht aufzumuntern. Egal. Endlich eine richtige Bank unter dem Hintern, jetzt geht es aufwärts! Der Kiosk und das Café sind leider noch geschlossen. Dafür ist es hell und mutmaßlich sicher.

Als ich kurz nach 5.00 Uhr Bewegung hinter der Scheibe des Schalters wahrnehme, springe ich begeistert auf. Jetzt oder nie! Das ist die Chance, Irun als Startort meines Abenteuers offiziell beglaubigen zu lassen. Eine korpulente Frau mit einer schwarzen, zum Zopf gebundenen Lockenpracht lässt sich gerade unmotiviert auf einen Drehstuhl plumpsen und starrt mit kleinen Äuglein ins Leere.

„Hola“, sage ich locker zur Begrüßung, gerate aber direkt ins Schwimmen. Viel mehr habe ich auf Spanisch nämlich nicht drauf. „Äh, äh“, stammele ich, während ich meinen jungfräulichen Pilgerpass in die Schale lege, „äh, do you have a – a sello?“ Munter mische ich das spanische Wort für

Stempel in meinen englischen Satz, um das Bemühen zu signalisieren, den hiesigen Gepflogenheiten gerecht werden zu wollen. Möchte ja nicht am ersten Tag gleich unangenehm auffallen. Bewunderung wird mir dafür nicht zuteil. „Si", antwortet die Dame knapp, ohne die Miene zu verziehen, und entfaltet das Dokument auf ihrem Tresen.

Rumms! Keine zwei Sekunden später hat sie ihren Stempel lustlos auf die Pappe gehämmert. Dann schiebt sie den Pass zurück und nickt mir wortlos zu. Kein Blick der Welt könnte schöner zum Ausdruck bringen: Der Nächste bitte! Dabei ist außer mir ja gar keiner hier.

Ich beschließe, mich von ihrer mürrischen Laune nicht anstecken zu lassen – immerhin wird sie mehr geschlafen haben als ich – und begutachte voller Stolz den Ausweis in meinen Händen. Da leuchtet er nun: mein erster Stempel, meine Eintrittskarte für die offiziellen Pilgerherbergen, ausgefertigt von der spanischen Eisenbahngesellschaft Renfe. Leider sieht er genauso aus, wie sich der Name des Unternehmens anhört: Renfe, ein bisschen hölzern, unelegant und nicht sehr fantasievoll. In einem blauen Rechteck prangen das Firmenlogo, das heutige Datum und der Ortsname Irun. Kein Vergleich zu den liebevoll verzierten Kunstwerken, die ich auf Fotos gesehen habe. Was solls, ich möchte mich ja noch steigern können.

Ein paar Minuten später wage ich mich trotz der anhaltenden Dunkelheit zurück an die frische Luft. Mir juckt es jetzt einfach in den Füßen. Und sollten mir finstere Gestalten über den Weg laufen, ziehe ich ihnen mit meinem acht Kilogramm schweren Wanderrucksack einfach eins über. Damit würde ich selbst die Klitschko-Brüder auf die Matte schicken.

Guter Dinge marschiere ich los und verlaufe mich prompt im stockdüsteren Güterbahnhof nebenan. Zu spät bemerke ich, dass mein Pilgerführer seine Schilderungen nicht am Bahnhof von Irun beginnt, sondern am Bahnhof von Hendaye, dem letzten Örtchen auf französischer Seite. Bravo, das ist ja ein toller Einstand! Locker fünf Minuten tapse ich über das Gelände, bis ich endlich dahinterkomme, dass sich die in meinem Büchlein beschriebene Straßenkreuzung eher nicht zwischen aufgetürmtem Geröll und Lagerhäusern verbirgt. Ich bin es eben nicht gewohnt, mich anhand von Beschreibungen und einer Karte zu orientieren.

Den korrekten Angaben folgend, erblicke ich kurz darauf an einer Hauptstraße den ersten gelben Pfeil. Um Punkt 5.30 Uhr ist es also so weit: Ich, Johannes Zenker, 30 Jahre alt, 1,93 Meter groß, Brillenträger, Journalist aus Osnabrück, Hobby-Philosoph, Ehemann seit 2006 und Vater leider nur noch eines 13-jährigen Kaninchens, starte offiziell meinen Camino del Norte, die große Schnitzeljagd durch den Norden Spaniens.

Gleich vor dem ersten Anstieg fallen mir fast die Augen aus dem Kopf: Der düstere, in den Wald hineinführende Pfad sieht aus, als hätte ein Lastwagenfahrer auf dem Gipfel seine Grünabfälle ausgeschüttet. Baumrinde, Äste, Laub und kleine Felsbröckchen pflastern den matschigen Weg bergauf. Als Krönung hat sich in die Mitte der Piste ein tiefes Rinnsal gegraben, sodass ich mich für eine der beiden Seiten entscheiden muss – zumindest so lange, bis mich auf den Weg hängendes Gestrüpp auf die andere schubst. Meine Güte, räumt denn hier nie jemand auf? Das ist der Jakobsweg!

Schritt für Schritt kämpfe ich mich durch dieses Chaos der letzten drei Stürme. Zweige zerbrechen knackend unter meinen Füßen, und immer wieder spüre ich, wie sich spitze Steine in meine Sohlen bohren. Trotzig lache ich auf. Für solches Terrain gibt es also Wanderstiefel. Ich selbst trage nämlich keine, sondern baue zum Entsetzen einiger Freunde auf meine sportlichen grauen Alltagsschuhe. Der Grund: Sie sitzen wie angegossen, und ich hoffe, dank ihnen nicht so anfällig zu sein für Blasen. In jedem Fall verstehe ich jetzt, wozu diese huckeligen Teststrecken in Sportgeschäften gut sind. Die habe ich immer für maßlos übertrieben gehalten.

Gekleidet bin ich in eine schwarze Trekkinghose und eine ebenfalls schwarze Fleecejacke. Darunter trage ich ein stachelbeerfarbenes Funktionsshirt. Irgendwie, finde ich, sehe ich gar nicht aus wie ein Pilger, sondern eher wie mein Opa auf dem Weg zur Krankengymnastik. Passenderweise fühle ich mich auch so nach mehr als 24 Stunden ohne Schlaf.

Nach etwa einem Kilometer erreiche ich außer Atem das Heiligtum von Guadalupe, eine Kapelle zu Ehren der Jungfrau Maria. Hier gibt es auch endlich einen Wasserhahn, an dem ich meine Vorräte auffüllen kann. Den ersten kräftigen Schluck spucke ich allerdings direkt wieder aus. Ist ja widerlich! Das Wasser ist gechlort und schmeckt wie frisch aus dem Babybecken eines Hallenbades gezapft. Aber nützt ja nichts, ich muss genügend trinken! Also fülle ich meine Flasche bis zum Anschlag.

Was mich dann erwartet, spottet jeder Beschreibung: Die Strecke auf den 547 Meter hohen Jaizkibel ist einfach der Knaller. Noch nie habe ich einen Weg – oder sagen wir besser eine von Pflanzen befreite Schneise – so steil und gnadenlos direkt bergauf führen sehen. Gesäumt wird der Trampelpfad von Wiese, Unkraut, Sträuchern und vereinzelten Bäumen, dem normalen Bewuchs dieses Berges eben.

Tollkühn stürze ich mich ins Abenteuer und stoße sofort an meine Grenzen. Hier geht es derart steil nach oben, im Grunde trete ich fast auf der Stelle. Das größte Problem: Der aufgeweichte Lehmboden ist verdammt rutschig. Ich drohe ständig, den Halt zu verlieren. Mir bleibt gar nichts anderes übrig, als mich mit Händen und Füßen von Stein zu Stein und von Grasbüschel zu Grasbüschel zu hangeln, meist auf allen Vieren. Immer wieder muss ich auch meine Finger in den breiigen Boden krallen, um nicht in den Abgrund zu stürzen. Ich ächze, stöhne und fluche. Verliefe die Strecke waagerecht, sähe ich aus wie ein krabbelndes Kleinkind, das beim Versuch, aufrecht zu gehen, dauernd auf die Nase fällt.

Nach kurzer Zeit halte ich mit bebendem Oberkörper inne. Was mache ich hier eigentlich? Vor jeder Bewegung habe ich höllische Angst, dass ich fallen könnte. Das hat mit Pilgern doch nichts zu tun. Das ist purer Abnutzungskampf, sowohl körperlich als auch mental. Habe ich den Jakobsweg etwa unterschätzt? Mir wurde immer gesagt, die erste Etappe des Camino Francés in den Pyrenäen sei brutal. Das hier kann nicht viel einsteigerfreundlicher sein. Hätte ich etwa doch die Variante um den Berg herum nehmen sollen?

Mit hochrotem Kopf und schweißnasser Stirn ziehe ich mich eine gefühlte Ewigkeit später an einem Baumstamm auf den rettenden Gipfel. Ich kann es nicht fassen, ich habe es geschafft! Erleichtert stütze ich meine schmutzigen Hände auf die Knie und japse nach Luft. Selbst das Chlorwasser geht jetzt runter wie Öl. Vor meinen Augen erstreckt sich eine riesige Hochebene voll saftigem Gras und Gänseblümchen. Das muss das Paradies sein!

Schnaufend wende ich mich um und schüttele den Kopf. Kaum zu glauben, dass ich ohne Sicherheitsgurt und Haken diese senkrecht emporschießende Wand heraufgeklettert bin. Der Hang ist übersät von meinen tief in den Matsch getrampelten Fußspuren. Ich kann genau nachvollziehen, an welchen Stellen ich beinahe weggerutscht wäre.

Dann schweift mein Blick in die Ferne, und ein eiskalter Schauer läuft mir über den Rücken. Ich erstarre und bin sprachlos. Was für eine Aussicht! Auf die malerische Bucht, an der die winzigen Dächer von Irun, Hondarribia und Hendaye liegen, auf die prächtige, leicht von Nebel verhangene Bergwelt der Pyrenäen und auf das offene tiefblaue Meer. Dieser Rundumblick, diese Fernsicht, einfach atemberaubend! So weit das Auge reicht, nichts als Wiesen, Wälder, Flüsse, Hügel, Täler und der Ozean – eine märchenhafte Landschaftsmalerei, in unterschiedlichen Grün- und Blaunuancen strahlend. Als wäre das nicht schon kitschig genug, brechen in diesem Moment auch noch Sonnenstrahlen durch die grauen Wolken. Keine zehn Kilometer, und ich bin zum ersten Mal überwältigt! Wahrscheinlich bin ich aufgrund meiner Müdigkeit auch ein leichtes Opfer.

Mit einem Glänzen in den Augen lasse ich mich auf einen moosigen, etwas feuchten Stein fallen. Ich brauche dringend eine Pause und würde in meinem Zustand alles als Stuhl akzeptieren. Außerdem ist das Panorama magisch. Ich kann mich gar nicht sattsehen an dem Blick in die Ferne. Er lässt mich jede einzelne Schweißperle vergessen, die mir vor

Angst und Anstrengung von der Stirn getröpfelt ist. Und zum ersten Mal wird mir so richtig bewusst: Ich bin in Spanien und laufe den Jakobsweg. Ich bin dankbar dafür, diese von Ruhe und Ursprünglichkeit geprägte Welt in den kommenden Wochen mein Zuhause nennen zu dürfen – anstatt jener geschäftigen und lauten zwischen den Häusern. Städte als eine Schar ruhig daliegender und weit entfernter Dächer, die den Blick auf das hektische Treiben der Straßen, den lärmenden Verkehr und die blinkenden Schaufenster versperren, so könnte es immer sein.

Die Hochebene ist ein echter Traum. Ich genieße die Frische, die Ruhe und den Anblick der sich sanft im Wind wiegenden Gräser. Ich könnte Purzelbäume schlagen, so glücklich bin ich, hier zu sein. Ich komme an brüchigen Wachtürmen aus dem 19. Jahrhundert vorbei und treffe auf eine Horde wilder Pferde. Etwa 15 Tiere, darunter einige Fohlen, rupfen munter Büschel aus dem Boden und mampfen friedlich vor sich hin. Zäune gibt es hier oben keine, und so pirsche ich mich bis auf wenige Meter an sie heran. Mehr Natur geht nicht! Endlich stellt sich auch so etwas wie ein Laufrhythmus ein. Daran war im Kampf mit den Höhenmetern nicht zu denken. Bei annähernd 20 Grad habe ich perfektes Wanderwetter.

Der erste Pilger, der mir begegnet, ist ein alter Asiate mit grauschwarzen Haaren. Er bewahrt mich davor, eine falsche Abzweigung zu nehmen, und lotst mich aus 30 Metern Entfernung zurück auf den richtigen Weg. „He, he, Camino, Camino!“, ruft er und schwenkt wie wild seine Arme durch die Luft.

Als ich ihn genauer betrachte, traue ich meinen Augen

nicht. Jetzt sehe ich schon doppelt, denke ich und gebe mir einen Klaps auf den Hinterkopf. Doch es ändert nichts. Das schmächtige Kerlchen mit den dünnen Beinchen trägt nicht nur einen Rucksack auf dem Rücken, sondern noch einen weiteren vor der Brust! Dabei ist er höchstens 1,65 Meter groß und dürfte kaum mehr als 50 Kilo wiegen. Entweder ist der völlig übergeschnappt oder er ist als Kind in einen Kessel voll Zaubertrank gefallen. Wie der es hier hochgeschafft hat, ist mir ein Rätsel. Habe ich etwa das Seil übersehen oder den Aufzug? Oder habe ich meine Leistung einfach kolossal überschätzt?

Der Aufstieg war anstrengend und mühselig, aber der Weg hinunter auf einer Geröllpiste ist um ein Vielfaches schmerzhafter. Bei jedem Schritt werden meine Zehen erbarmungslos gegen die Front meiner Schuhe gepresst. Auch in den Knien zieht es heftig. Teilweise ist das Gefälle derart stark, dass ich unfreiwillig anfange zu rennen, weil ich keine Chance habe, zum Stillstand zu kommen. Wie auf Inline Skates rolle ich die Abhänge hinunter und muss mich gegen Baumstämme werfen, wenn ich bremsen will. In diesem halsbrecherischen Hindernisparcours erfordert jeder Schritt höchste Konzentration. Ein Pilgerstab zum Kontrollieren des Tempos wäre jetzt Gold wert. Oder ein Schlitten, das ginge auch. Rund fünf Kilometer lang treibt mich der Weg auf diese Weise zurück auf die Höhe des Meeresspiegels.

Nach einem Rundgang durch Pasaia, einem malerischen Fischerdörfchen mit bunten, eng aneinandergereihten Häuschen, die dank der umliegenden Berge aussehen wie in den Fels gehauen, sehe ich den Asiaten wieder. Er steht am Ufer des breiten Hafenbeckens und unterhält sich angeregt mit drei jungen Frauen. Gemeinsam warten sie an einem Anleger auf die nächste Fähre, mit der wir vom Ortsteil Donibane in den Ortsteil San Pedro schippern müssen. Zum ersten Mal trägt der kühle Wind eine salzige Note an meine Nase, und das Meer ist zum Greifen nah. Großartig!

Nicht, dass ich lauschen wollte, aber ich wüsste schon gerne, was es mit diesem ungewöhnlichen Menschen auf sich hat. Mit seinen beiden Rucksäcken sieht er aber auch zu putzig aus, wie ein Känguru mit Nachwuchs. Und seine Dreivierteljeans würde mir allenfalls bis zu den Knien reichen.

„My name is Hiroto. I'm from Japan, I'm 80 years old", stellt er sich mit einem drolligen Akzent den Pilgerinnen vor. Aha, er kommt also aus Japan, das habe ich mir ... – was hat der bitte gesagt? Mir klappt die Kinnlade herunter. Der Mann mit den beiden Rucksäcken soll 80 Jahre alt sein? Das kann unmöglich wahr sein, so quietschfidel wie der die Steigungen überwindet. Aber bitte: Ob der ebenfalls verdutzten Blicke seiner Gesprächspartnerinnen wiederholt er es noch mal: „Yes, 80. I am 80 years old." Ich bin baff und schaue voller Bewunderung zu ihm hinüber.

Während der Überfahrt verwickele ich den Mann in ein Gespräch. Er wolle heute noch bis San Sebastián laufen, ich könne ja mitkommen, schlägt er mir freundlicherweise vor. Unglaublich, das sind noch mindestens zehn Kilometer, das schaffe ich nie. Schweren Herzens lehne ich das Angebot ab. Fast 20 Kilometer habe ich seit 5.30 Uhr, also seit gut sechs Stunden, auf dem Buckel, und die Überquerung des Jaizkibels hat mich wirklich geschlaucht. Gefühlt tut alles weh: meine Füße, meine Knie und meine Schultern, die sich an das Gewicht des Rucksacks erst gewöhnen müssen. Als die Fähre anlegt, kippe ich sogar fast hintenüber ins Wasser, weil ich beim Aufstehen zittrige Beine habe. Nein, ich möchte nicht mehr laufen, ich möchte nur noch irgendwo ankommen, zum ersten Mal seit 30 Stunden duschen und ein kleines Nickerchen halten. Ich entscheide mich für die Herberge der Zwölf Stämme, das müssten noch vier Kilometer sein.

Zu meinem Bedauern erweisen sich auch die als vier Kilometer zu viel. Am Ortsausgang führen direkt am Meer massive Treppenstufen aus Stein, die hier wahrscheinlich schon seit 1000 Jahren die Menschheit quälen, den Berg hinauf. Und es kommt, wie es kommen muss: Während mich die Kräfte verlassen, löst sich die Hoffnung, dass ich schaffen müsste, was auch Rentner schaffen, vor meinen Augen in Luft auf. Der 80-jährige Hiroto fliegt die Stufen förmlich nach oben und zeigt mir, während er eigentümliche Hajajahajaja-Laute von sich gibt, die Hacken. Es ist zum Heulen! Mein inneres Bücherregal, gefüllt mit den besten Motivationsratgebern der Welt, stürzt jämmerlich in sich zusammen. Woher nimmt der Mann bloß diese Energie? Beeindruckend!

Mit hängenden Schultern bleibe ich zurück. Meine Beine sind nicht mehr zu spüren, und nur unter Zuhilfenahme der Hände gelingt es mir, sie auf den nächsten Absatz zu hieven. Ich fühle mich wie Baron Münchhausen, der sich an seinen eigenen Haaren aus dem Sumpf zu ziehen versucht. Es dauert eine Ewigkeit, bis ich die letzte Stufe erklommen habe.

Oben angekommen, kann ich den Blick auf das im Sonnenschein funkelnde Meer und die steilen, begrünten und kilometerweiten Klippen kaum genießen. Ich bin kaputt und will mich nur noch irgendwie ins Ziel retten. Die nächste

Steigung in einem Wald nehme ich dann seitwärts in Angriff, anders komme ich keinen Schritt mehr voran. Ich kann mich nicht daran erinnern, mich jemals in solch entwürdigenden Körperhaltungen befunden zu haben wie heute. Gott, muss ich bescheuert aussehen!

Nach insgesamt 25 Kilometern biege ich im Schneckentempo auf das Grundstück der Zwölf Stämme ein. Am Ende der langen Einfahrt kommt mitten im Grünen ein gelb gestrichenes Landhaus zum Vorschein, das rundherum mit braunen Längs- und Querbalken versehen ist. Nach vorne hin befindet sich eine große Fensterfront. Davor steht unter einem vorgelagerten Dach mit Markise ein Tisch, an dem eine Gruppe Menschen sitzt und isst.

Ein Mann mit dichtem weißen Bart springt auf der Stelle von seinem Stuhl und winkt mich energisch herbei. „Hello there", ruft er mir schon von Weitem entgegen. „Komm und setz dich zu uns."

Der etwa 70-Jährige in einfachen Leinen-Klamotten streckt mir freundlich die Hände entgegen und weist mir den Platz ihm gegenüber zu. „Deinen Rucksack stell einfach vor die Tür." Dankbar und ausgelaugt lasse ich mich auf den Stuhl fallen. Endlich angekommen, nach einem schier unglaublichen achtstündigen Fußmarsch. Und es ist nicht mal 14.00 Uhr, als ich mein Arbeitspensum beende. An schlechten Tagen zu Hause schlüpfe ich um diese Zeit gerade aus dem Schlafanzug.

Aber was für eine dämliche Idee, direkt am ersten Tag so weit zu laufen. Hoffentlich habe ich mein Pulver nicht schon verschossen. Und doch bin ich auch stolz, stolz auf meinen Willen, stolz auf meinen Körper. Ich bin einen 550-Meter-

Berg hoch- und wieder heruntergeklettert. Für den Anfang gar nicht schlecht.

Wie sich die Menschen hier um mich kümmern, ist rührend. Eine kleine Frau stellt mir sofort eine Limonadenmischung aus Kiwisaft und Matetee vor die Nase, eine andere reicht mir ein Sandwich mit gekochtem Schinken und Käse. Beherzt greife ich zu und fühle mich wie im siebten Himmel. Seit einer Autobahnraststätte im französischen Nirgendwo hatte ich nichts mehr zwischen den Zähnen.

Mit dem älteren Mann unterhalte ich mich ein wenig über die Zwölf Stämme, denn er ist sozusagen der Chef hier. Als er merkt, dass ich aus Deutschland komme, wird er ganz wehmütig. „O, ich liebe Deutschland“, gerät er ins Schwärmen. „Sieh nur, meine Frau ist Deutsche“, deutet er auf seine Sitznachbarin, die mir die Limo gebracht hat.

Seine jüngsten Erfahrungen mit meinem Heimatland seien jedoch negativ. „Wir hatten auch in Deutschland eine große Gruppe. Sie musste aber das Land verlassen“, klagt er bitterlich, „da wir partout nicht die Erlaubnis erhalten haben, unsere Kinder zu Hause zu unterrichten. Wir haben sogar einen Brief an Angela Merkel geschrieben, aber keine Chance. Merkel said No!“

„Merkel said No!“ Diesen Satz wiederholt er immer wieder mit den unterschiedlichsten Betonungen. Es scheint seine gekränkte Variante zu sein von: „Danke, Merkel!“

Auf meine Nachfrage erklärt er mir, dass öffentliche Schulen die Kinder nicht im Sinne Gottes erziehen würden, denn die Zwölf Stämme lebten bibeltreu und hielten zum Beispiel von der Urknall-Theorie nur wenig. Aha, daher weht also der Wind. Ich werde skeptisch. So freundlich der Mann auch wirkt und so nett mich alle umsorgen, je mehr ich hinter die Fassade blicke, desto mehr Anlass finde ich für Kritik.

Nachdem ich gefühlt alle Furchtbarkeiten gehört habe, die unser Schulsystem für Kinder bereithalten soll, und mein Magen gut gefüllt ist, verziehe ich mich ins Badezimmer. Bei den täglichen Pilgerpflichten stelle ich mich leider nicht besonders geschickt an. Nach dem Duschen fühle ich mich zwar wie neugeboren, denn ich rubbele mir drei schmierige Schichten Schweiß und Fett aus dem Gesicht. Allerdings lässt sich die Brause nicht mehr befestigen. Wann immer ich sie in die Halterung schiebe, gibt diese unter dem Gewicht des Duschkopfs nach und lässt ihn zu Boden stürzen. Mist, jetzt muss man ihn die ganze Zeit halten. Dafür könne ich aber nichts, beruhigt mich später zum Glück eine Frau. Das sei schon häufiger passiert.

Schnell knete ich auch noch mein verschwitztes T-Shirt im Waschbecken durch, denn Wäschewachen wird für mich jetzt wieder zur Handarbeit. Leider artet das in einer kleinen Überschwemmung aus, die ich mit jeder Menge Klopapier beseitigen muss. Jetzt hängt das gute Stück klitschnass an einem Wäscheständer und tropft fröhlich Pfützen auf den Boden der Dachterrasse. Ob das bis morgen trocken wird?

Nach und nach trudeln weitere Pilger ein, darunter zwei Deutsche, ein Amerikaner und drei Südkoreaner. Ein bisschen länger unterhalte ich mich mit Jack. Der Australier in den Vierzigern ist in olivfarbener Dreiviertelhose und einem hellen Hemd unterwegs. Auf seinen dunklen Haaren trägt er einen weißen Hut. Unverkennbar ist sein grauschwarzer Vollbart. So stelle ich mir einen Pilger vor!

Zum Abendessen versammeln sich im Speisesaal zehn

Wallfahrer und mehr als 30 Mitglieder der Gemeinschaft, unter ihnen viele Familien mit Kindern. Wir verteilen uns auf drei runde Tafeln und eine Sitzecke mit Sofas. Das Essen ist vom Feinsten: Es gibt Salat, Reis, Bohnengemüse und gegrillte Makrele, als Nachtisch selbstgemachtes Eis.

Während Jack und ich unsere Fische entgräten, bringt uns ein Israeli mit pechschwarzen Haaren, der seit einigen Jahren hier lebt, die Lehre der Zwölf Stämme näher. Kurz gesagt: Sie warten auf den Kollaps der Welt und glauben, dass die aus ihrer Sicht moralisch verlotterte Menschheit mit voller Kraft darauf zusteuert. Die meisten Menschen seien egoistisch, einem hedonistischen Lebensstil verfallen und strebten rücksichtslos nach materiellem Reichtum – auf Kosten von Menschlichkeit und Gottes Schöpfung. Als Beispiel führt er die Vielfliegerei an, die unsere Umwelt zerstöre. Irgendwie witzig, dass er das ausgerechnet dem Australier erzählt, der für den Jakobsweg um den halben Globus gejettet ist.

Mit der Analyse unserer Gesellschaft scheinen mir die Zwölf Stämme nicht so verkehrt zu liegen. Ihre Konsequenzen daraus leuchten mir aber nicht ein: Sie ziehen sich in ihre Gemeinschaft zurück und versuchen, ein Leben im Sinne der Bibel zu führen. Sich auf die von Jesus vorgelebten Werte zu besinnen und frei von Sünde zu bleiben, sei die einzige Möglichkeit, um die Erde zu retten oder nach ihrem Untergang von Gott erlöst zu werden. Mit aller Macht versuchen sie, sich von den Verführungen der Außenwelt abzuschirmen, schauen kein Fernsehen und lesen keine Zeitung.

Mich überzeugt das nicht. Wer sich radikal abschottet und keine fremden Einflüsse an sich heranlässt, hat keine Chance, Gewissheiten zu hinterfragen, Anschauungen weiterzuentwickeln und sich eine eigene Meinung zu bilden. Das krasse Gegenteil also von dem, was meine Reise bezwecken soll. Deswegen nehmen sie das Unterrichten ihrer Kinder wahrscheinlich auch am liebsten selbst in die Hand. Die Erziehung zum mündigen Bürger, die unsere Schulpflicht zum Ziel hat, ist nicht gewünscht. Ich glaube, ich bin ganz froh darüber, dass Merkel „No" gesagt hat.

Den Realitätscheck, wie eine Welt im Zwölf-Stämme-Stil aussähe, besteht die Gemeinschaft jedenfalls nicht. Das wäre eine Welt voll gleich aussehender und gleich denkender Menschen, die keinerlei Fortschritt und individuelle Entfaltung wünschen. Nein, hier werde ich Gott bestimmt nicht treffen. Der Gott, an den ich glauben könnte, fände eine solche Welt zum Gähnen langweilig. Er muss sich das Ganze schließlich jahrtausendelang angucken. Ein guter und umsichtiger Mensch zu sein – das muss auch möglich sein, ohne die persönliche Freiheit dem Wort der Bibel zu opfern. Ich fühle mich immer unwohler hier und bin froh, dass ich morgen wieder gehen kann. Ich bleibe ein Suchender!

11. Mai 2019

Orio – Die Prophezeiung

MEINE ERSTE NACHT im Schlafsaal war schwer in Ordnung. Gut, wir lagen auch nur zu fünft in dem engen Acht-Leute-Zimmer, aber dafür mussten wir unter erschwerten Bedingungen schlummern.

Kurz bevor wir gegen 22.00 Uhr das Licht ausknipsen wollten, hatte sich Australier Jack mit einer offiziellen Ankündigung an den Rest der Gruppe gewandt. „I'm sorry, guys", seufzt er mit entschuldigender Geste. „Ich habe Asthma und schnarche fürchterlich."

Das ist die Hiobsbotschaft für Pilger. Wer sich am Tag verausgabt, will in der Nacht gefälligst seine Ruhe haben. Kein Wunder, dass alle dumm aus der Wäsche gucken.

Und Jack sollte nicht übertrieben haben. Kaum ist es dunkel, fängt er lauthals an zu röcheln. Mann, ist das grausam, ärgere ich mich noch – doch dann bin ich auch schon weg. Mein Nachholbedarf an Schlaf ist viel zu groß, als dass mich sein Gesäge lange stören könnte. Habe dann bis heute Morgen um 7.00 Uhr durchgeschlafen, satte neun Stunden ohne Unterbrechung.

Nach dem Aufstehen bin ich milde überrascht: Meine Beine fühlen sich zwar träge an, aber Zerrungen, Krämpfe oder irgendein anderes Leiden, das mich am Loslaufen hindern könnte, habe ich nicht.

Mit einem schönen runden Stempel im Ausweis, dessen Mitte der Schriftzug „The way“ schmückt, ziehe ich um 8.30 Uhr los. Ganz schön früh, wie ich finde, obwohl ich im Vergleich zu gestern sagenhafte drei Stunden in Verzug bin. Dafür fühle ich mich besser gesättigt, denn die Zwölf Stämme haben uns ein fantastisches Frühstück kredenzt: mit süßlich-schokoladigem Brot, selbstgemachter Marmelade, Honig und Muffins. Das alles gibt es auf Spendenbasis. Heißt: Jeder zahlt für Übernachtung und Verpflegung so viel er möchte. Ich quetsche am Ende 15 Euro durch den Schlitz der edel aussehenden Truhe. Ob das angemessen ist, weiß ich nicht, mir fehlt noch die Erfahrung.

Mein T-Shirt ist natürlich nicht trocken geworden, trotzdem habe ich es einfach wieder angezogen. Besser, als wenn es den ganzen Tag in meinem Rucksack vor sich hin müffeln würde. Außerdem ist es mild, und die Sonne ist drauf und dran, den Kampf gegen die Wolken zu gewinnen. Wahrscheinlich bin ich schon in einer Stunde froh über mein Shirt mit eingebauter Kühlfunktion.

Auf dem Weg nach San Sebastián schließt sich mir Christoph an, ein 53-jähriger Stuttgarter mit krausem Haar und Brille. Gemeinsam laufen wir durch einen Wald, der uns gemächlich bergab führt. Gleich im zweiten Satz eröffnet er mir: „Ich habe eine bipolare Störung.“ Wow, dass er lange um den heißen Brei herumredet, kann man nicht behaupten. Das muss sie sein, die Offenheit der Pilger.

Christoph ist Wiederholungstäter. Er war schon letztes Jahr auf dem Jakobsweg, genauer gesagt auf dem Camino

Francés. Und da das Wandern sein Gemüt beruhige, habe er sich erneut zu einer Pilgerreise entschlossen. Drei Wochen ist er bereits durch die Schweiz und Frankreich geradelt, weil er seine Wallfahrt wie im Mittelalter vor der eigenen Haustür beginnen wollte. In Irun ist er dann auf seine Füße umgestiegen. „Endlich!“, wie er betont. „Denn Fahrradfahren ist zwar ein schönes, aber auch ein einsames Vergnügen. Ich bin froh, mich unterwegs jetzt auch mal unterhalten zu können.“

Und Christoph hat so einiges zu erzählen. So werde er sich, wenn er zurück nach Hause komme, an einen neuen Mitbewohner gewöhnen müssen. Süffisant berichtet er mir: „Dieser Tage meinte meine Frau: Christoph, jetzt bist du wieder so lange weg, da habe ich mir einen Hund gekauft.“

Ich lache. Das ist ein starkes Stück, finde ich. „Einfach so, ohne Rücksprache mit dir?“

„Genau“, bestätigt Christoph und sieht jetzt selber aus wie ein begossener Pudel. „Und wenn wir abends miteinander telefonieren, erzähle ich von meiner Reise, und sie spricht über den Hund. So hat halt jeder seine Welt.“ Wieder kann ich mir ein Glucksen nicht verkneifen. Treffender hätte er Millionen Ehen wahrscheinlich kaum beschreiben können.

Plötzlich bleibe ich wie angewurzelt stehen, ohne dass Christoph Notiz davon nimmt – er läuft und redet einfach weiter. Nachdem wir minutenlang durchs Dickicht gestreift sind, lichten sich zu unserer Rechten auf einmal die Äste und geben den Blick frei auf ein gewaltiges Meer aus mehrgeschossigen Häusern, einen riesigen Strand und den Ozean. San Sebastián, eine echte Großstadt mit rund 180.000 Einwohnern, liegt friedlich zu unseren Füßen. Was für ein beeindruckendes Bild und was für ein Kontrast zur bisherigen Beschaulichkeit.

Mitten im Großstadtdschungel trennen sich unsere Wege wieder, denn Christoph möchte zur etwas abseits gelegenen Post. Mir ist das ganz recht. Es gibt noch so viel zu entdecken, und meine Freiheit ist mir heilig. Ich muss erst mal herausfinden, wie ich diesen Weg bestreiten will, bevor ich mich jemandem anschließen kann. Fürs Erste ist der episodenhafte Kontakt mit anderen Pilgern genau das Richtige für mich. Trotzdem würde ich mich freuen, ihn heute Abend wiederzusehen.

Aber wo ist bitte der nächste Pfeil? Seit unserem Abstecher in die Einkaufsstraßen habe ich keinen mehr gesehen, und die Karte in meinem Buch – ach, lassen wir das. Es ist hoffnungslos. Ständig laufe ich an Gebäuden vorüber, vor denen ich schon einmal gestanden habe. Hinterließe ich einen Wollfaden, hätte ich längst ein riesiges Spinnennetz durch die verwinkelten Gassen gezogen.

Nach einer Ewigkeit schlage ich endlich den richtigen Weg zum berühmten Playa de la Concha ein, dem halbmondförmigen Strand an der sogenannten Muschelbucht. Und siehe da: Hier stoße ich auch wieder auf Pfeile. Auf der Promenade tummeln sich Hunderte Spaziergänger, von denen sich viele ans Geländer lehnen und Selfies knipsen. Der Strand dagegen ist beinahe leer.

Aber nicht mehr lange! Mit leuchtenden Augen krempele ich die Hosenbeine hoch und entledige mich meiner Schuhe und Socken. Dann hüpfe ich eine Treppe hinunter und flitze berauscht über den hellen, körnigen Sand. Die irritierten Blicke eines Pärchens mit Hund interessieren mich nicht. Ich renne einfach, so schnell ich kann, bis, ja, bis meine Knöchel von den ersten Wellen umsprudelt werden. Brr, ist das kalt – aber so herrlich und schön! Wie ein Kind im Herbstlaub schaufele ich meine Hände ins Wasser und spritze es euphorisch durch die Luft. Ich plansche im Atlantik, ich kann es kaum glauben. Welch ein Glücksgefühl!

Das Beste ist: Wie auf der Innenbahn eines Leichtathletikstadions kürze ich den offiziellen Weg ein bisschen ab. Mehr als 1,5 Kilometer hopse ich lachend durchs Wasser, drehe Pirouetten, schiebe meine Füße durch den schlammigen Grund und schieße Matsch durch die Gegend.

Am Ende des Strandes lasse ich mich erschöpft und selig rücklings in den weichen Sand fallen. Verträumt blicke ich auf das blaue Meer und die San Sebastián umgebenden Berge. Meinen schwarzen Rucksack nutze ich als Kopfkissen – ein echter Alleskönner!

Zur Entspannung wähle ich mich in das öffentliche W-Lan-Netz ein. Bei dem, was ich dann über die Zwölf Stämme lese, bleibt mir die Spucke weg. Da war der ältere Mann wohl nicht ganz ehrlich zu mir. Die Wahrheit ist: Im Jahr 2013 hat sich ein Journalist bei der Gruppe in Deutschland eingeschleust und Kameras versteckt. Die Filmaufnahmen belegen, wie Kinder und Jugendliche mit Rutenschlägen auf die nackte Haut gezüchtigt wurden. 40 Kinder wurden vorübergehend aus der Sekte befreit, eine Lehrerin der hauseigenen Schule musste sogar ins Gefängnis. Das ist der wahre Grund dafür, weshalb die Zwölf Stämme aus Deutschland geflüchtet sind. Ob der spanische Ableger mit seinen Kindern genauso umspringt, kann ich natürlich nicht sagen, aber die amerikanische Dachorganisation rechtfertigt die Prügelstrafe als von Gott gewollt und führt sogar Bibelzitate an. „Wer seine Rute schont, der hasst seinen Sohn; wer ihn aber lieb hat, der züchtigt ihn bald“, heißt es da etwa (Spr. 13,24).

Ich finde das alles unglaublich. Von meiner guten Laune ist nichts mehr zu spüren. Im Gegenteil: Ich werde wütend, zum Beispiel auf meinen Pilgerführer. Dieses kryptische „Böse Zungen behaupten“-Gesülze kann sich der Autor wirklich sparen. Ich ärgere mich aber auch über mich selbst, da ich das Handeln der Sekte durch meine Anwesenheit ungewollt gebilligt habe. Hätte mich ja mal vorher informieren können.

Mit einer gehörigen Portion Wut im Bauch beende ich mein Sonnenbad und stapfe grummelnd zurück auf die Promenade. Wie es der Zufall will, laufe ich dort ausgerechnet David in die Arme, einem Amerikaner, der ebenfalls bei den Zwölf Stämmen übernachtet hat. Der blonde Sonnyboy ist 42, hat blaue Augen, einen Dreitagebart und eine große Nase. Über seiner beigefarbenen Hose schlabbert ein hellblaues Stefan-Raab-Gedächtnishemd.

Aufgebracht konfrontiere ich ihn mit meinen Recherchen. „Weißt du, bei was für Leuten wir da übernachtet haben? Die züchtigen ihre Kinder“, prasselt es aus mir heraus, natürlich fest damit rechnend, dass er genauso empört reagiert wie ich. Und was sagt er? „I know.“

Wie bitte? Fast regungslos steht der Hüne vor mir und zuckt bloß mit den Achseln. Ich glaub, ich spinne. „Das ist alles?“, reagiere ich barsch. „Gehörst du etwa auch zu der Bande?“

David verzieht das Gesicht. „Nein, das nun wieder nicht“, entgegnet er ruhig. „Ich kenne die aus Amerika und weiß halt, dass das Mistkerle sind. Deswegen spende ich auch nie was. Oder besser gesagt", fügt er schelmisch grinsend hinzu, „fast nichts." Die Zahl der Fragezeichen auf meiner Stirn wird immer größer. Wovon spricht er da nur?

„Also gut", holt David endlich zu einer Erklärung aus. „Ich habe nun schon zum dritten Mal bei den Zwölf Stämmen übernachtet. Und jedes Mal schlage ich mir genüsslich den Magen voll, nur um am nächsten Morgen nichts weiter in die Truhe zu werfen als einen müden Cent. Noch ein paar Besuche", schließt er triumphierend, „dann habe ich sie hoffentlich in den Ruin getrieben."

Für einen Augenblick herrscht Schweigen. Ich bin mir unsicher, ob ich David für ein Genie halten soll oder für einen Spinner. Spontan entscheide ich mich für das erste und lache lauthals los. Sich den Magen vollschlagen und in der Hoffnung auf einen baldigen Bankrott nichts spenden – das ist genau die richtige Dosis Wahnsinn, um meinen Groll zu zerstreuen.

Ich kriege mich gar nicht wieder ein, denn mir kommt ein weiterer saukomischer Gedanke. „Dann kann ich jetzt ja endlich zugeben", presse ich prustend heraus, „dass ich die Dusche geschrottet habe."

„Du warst das?!" Mit offenem Mund starrt David mich an und stimmt in meinen Lachanfall ein. „Ich habe die verflucht!", wettert er. „Es gibt für Pilger keine größere Strafe, als am Ende eines anstrengenden Tages auch noch die Brause halten zu müssen."

Wir lachen Tränen und halten uns die Bäuche. Auf der belebten Promenade sind wir längst zum Mittelpunkt des Interesses geworden, aber die entgeisterten Blicke kümmern uns nicht. Es ist aber auch zum Schießen: Von David hat die Sekte einen Cent erhalten, und ich habe ihr die Rechnung einer Duschkopf-Reparatur eingebrockt, die sich mit meiner 15-Euro-Spende wohl kaum begleichen lässt. Wie zwei Kinder, denen ein besonders gelungener Streich geglückt ist, klatschen wir einander ab.

David und ich verstehen uns prächtig. Wir schreiten zu einer Bank und setzen unsere Unterhaltung im Sitzen fort. Dabei entlockt mir der Apotheker, dass ich nach Gott und dem Sinn des Lebens suche. Ich merke, wie es mir peinlich ist, darüber Auskunft zu erteilen, denn ich möchte nicht den Eindruck erwecken, als hielte ich ausgerechnet mich für den künftigen Entdecker der Weltformel. Aber ich mag den Amerikaner und fasse schnell Vertrauen zu ihm.

„Da hast du dir ganz schön was vorgenommen", lautet seine Reaktion, die zu meiner Erleichterung frei von Spott ist. Auch er sei einst hierhergekommen auf der Suche nach Antworten. Und er habe welche gefunden, beteuert er. Eines könne er mir daher versprechen: „Dieser Weg ist magisch. Wenn du dich nur darauf einlässt, raubt er dir im besten Sinne den Verstand. Welche Themen auch immer du mit dir herumschleppst – irgendwann wirst du an den Punkt gelangen, da hast du jeden Gedanken gedacht und kommst zu keinen neuen Erkenntnissen mehr. In diesem Moment entsteht eine heilsame Leere in dir, und solltest du Gott verdrängt haben, wirst du erneut die Chance erhalten, ihn in dein Herz zu lassen. Du musst nur daran glauben, dann wird der Weg dir geben, wonach du suchst."

Ich kriege eine Gänsehaut. Davids Dauergrinsen ist einem ernsten Ausdruck gewichen, und in seiner Stimme liegt etwas Prophetisches. Im normalen Leben würde ich das für esoterisches Gequatsche halten. Aber nicht auf dem Jakobsweg. Wenn ich hier nicht dazu bereit bin, an Wunder zu glauben, kann ich auch direkt wieder nach Hause fahren. Außerdem macht David keinen besonders entrückten Eindruck auf mich. Und welchen Grund hätte er, mich zu verschaukeln?

Über seine Begegnung mit Gott möchte er mir leider nichts verraten. Das gehöre sich nicht, findet er. Schließlich sei Gott ein bisschen scheu, sonst müsste man ja nicht nach ihm suchen. Er wolle zwar gefunden, aber nicht für selbstverständlich genommen werden. Deshalb sei das eine Sache zwischen jedem Einzelnen und ihm.

Kurz darauf verabschieden wir uns voneinander. David zieht es vor, einen Tag in San Sebastián zu verbringen, um die Stadt in Ruhe zu erkunden. Das habe er bei seinen ersten beiden Pilgerreisen versäumt.

Beim Blick auf die Uhr mache ich große Augen: Es ist bereits 16.00 Uhr, und ich hänge noch immer bei Kilometer fünf fest. Gestern um diese Zeit war ich längst am Ziel. Die nächste Herberge befindet sich im 13 Kilometer entfernten Orio. Bis dahin brauche ich locker drei Stunden, wenn nicht mehr. Also nichts wie weiter! Ich hoffe, man hat dort noch ein Plätzchen frei für mich, sonst habe ich ein Problem.

Auf dem steilen Weg aus der Stadt heraus spüre ich jäh, wie wenig Kraft in meinen Oberschenkeln und Waden steckt. Ich fühle mich plötzlich um 50 Jahre gealtert, und obwohl es sich um meine erste Klettertour des Tages handelt, komme ich nur gebückt in bester Rollatorhaltung voran. Die gestrigen Strapazen merke ich jetzt mehr als heute Morgen.

Oben angekommen, verliere ich dummerweise auch noch

die Orientierung. Statt wie vorgesehen in 200 Meter Höhe einem Waldweg zu folgen, stehe ich nach einem Marsch über holprige, mit Brennnesseln überwucherte Trampelpfade auf einmal wieder direkt am Meer. So ein Mist!

Mehr als eine Stunde kämpfe ich mich durch teilweise hüfthohes Gestrüpp, in der Hoffnung, dass es hier irgendwo weitergeht. Aber keine Chance! Ständig strande ich vor neuen Felsvorsprüngen, die beim besten Willen nicht zu erklimmen sind. Ich wünschte, ich wäre ein Teddybär in einem dieser Greifarm-Automaten vom Rummel. Dann könnte ich mich einfach aus dem Schlamassel ziehen und auf den richtigen Weg setzen lassen. Stattdessen schlurfe ich nun genervt zurück nach San Sebastián. Welch eine Zeitverschwendung!

Die Bilanz ist verheerend. Während meiner Odyssee verhaken sich immer wieder Dornen in meinen Hosenbeinen und noch schlimmer: in meinen Armen. Am Ende ist meine Haut von langen, blutigen Kratzern gezeichnet, und meine Hose sieht aus wie ein Schweizer Käse. Dabei haben wir doch gerade mal Tag zwei.

Ich ärgere mich maßlos über meine Unfähigkeit und Sturheit. So richtig sicher wandle ich noch nicht durch diese mir unbekannte Umgebung. Ich komme mir vor wie ein Säugling, der die Welt ganz neu entdeckt – und sich ständig die Finger verbrennt.

Die reguläre Route bis Orio ist schön, aber anstrengend. Das Profil der Strecke ähnelt am ehesten jener Minigolfbahn, bei der man auf dem Weg zum Loch drei Bodenwellen überwinden muss. In einem ständigen Auf und Ab laufe ich durch eine grüne Hügellandschaft mit Weiden, auf denen abwechselnd Kühe, Pferde und flauschige Schafe grasen. Dazwischen liegen Streusiedlungen oder einzelne, in die Jahre gekommene Höfe. Und im Hintergrund glitzert das Meer in der sich langsam senkenden Sonne. Je später es wird, desto eindrucksvoller ist die Aussicht. Das schwache Licht taucht die Erhebungen in ein zunehmend dunkleres, fast mystisches Grün. Als würde mein weißer Kiesweg direkt ins Auenland führen, in die Heimat der Hobbits aus „Herr der Ringe".

Leider setzt das Rauf und Runter mir immer mehr zu, ich bin doch kein Mountainbike-Fahrer! Und da mir auch das Wasser ausgegangen ist, hänge ich regelrecht durch. Als ich mich kurz vorm Sitzstreik befinde, zeichnen sich an der Mauer eines freistehenden Restaurants die roten Umrisse eines Getränkeautomaten ab. Zunächst gehe ich von einer Sinnestäuschung aus, doch wenig später stehe ich tatsächlich vor dem Kühlschrank mit Bezahlschlitz und krame begierig in meinem Portemonnaie.

Voller Vorfreude höre ich meine Münzen jenseits der farbenfrohen Fassade klimpern, ehe das Erfrischungsgetränk ins Ausgabefach poltert. Als ich die Cola herausfischen will, spitze ich die Ohren. Moment mal, rumort es im Inneren etwa weiter? In der Tat: Keine Sekunde später kommt die nächste Flasche heruntergeplumpst, und es hört gar nicht wieder auf zu rumpeln. Eine Cola nach der anderen purzelt mir vor die Füße. Sollte heute etwa doch noch mein Glückstag sein?

Rechtschaffen wie ich bin, suche ich umgehend das Restaurant auf, um der Wirtin das Malheur zu melden. Okay, okay, ich gebe es zu, vorher stecke ich mir noch eine zweite

Flasche in den Rucksack und vergrabe sie tief unter meiner Kleidung. Hätte das irgendjemand nicht getan? Wie oft habe ich schon Geld in Automaten gesteckt und gar nichts bekommen? Außerdem finde ich, zwei Euro für einen Liter Cola sind immer noch ein guter Deal für die Frau. Ich hoffe nur, sie macht gleich keine Inventur, die meinen dreisten Diebstahl auffliegen lässt.

Hinter der nächsten Hecke atme ich erleichtert auf. Noch mal davongekommen. Ein bisschen Sorgen mache ich mir dennoch: Erst die Duschbrause, jetzt der Automat – ich scheine eine Schneise der Verwüstung durch Nordspanien zu ziehen. Und an der Platzwunde des Cowboys in Irun bin ich wahrscheinlich auch irgendwie schuld. Ich hoffe, das geht nicht so weiter, ich bin doch in friedlicher Absicht gekommen.

Erst um 20.50 Uhr erreiche ich die Herberge vor den Toren Orios, einem kleinen, mittelalterlich geprägten Fischerörtchen mit viel zu großer Kirche. Meine Glückssträhne hält an, denn ich ergattere das vorletzte Bett. Und in der Küche, einem separat stehenden Gartenhäuschen, schenkt mir ein Spanier die letzten beiden Stücke seiner Vier-Käse-Pizza. Mein Magen schlägt einen Purzelbaum: Bis ich eingeschlafen bin, sollten die Reste meinen Hunger stillen.

Der Schlafsaal ist nicht gerade geräumig. 19 Personen zwängen sich in dieses fensterlose und verwinkelte Kellerverlies. Das sieht schon mehr nach Pilgerherberge aus als das Luxus-Landhaus der Zwölf Stämme. Ich habe schon geahnt, dass ich mich an diese Annehmlichkeiten nicht gewöhnen sollte.

Zu meiner Freude sind auch der Australier Jack und

Christoph hier, dessen Platz im Ehebett ein Hund eingenommen hat. Wie ein Zehnjähriger, der aus der Schule kommt, erzähle ich den beiden aufgeregt von meinem Tag: von meinen Irrwegen, dem Aufdecken des Zwölf-Stämme-Skandals und der Erbeutung einer zweiten Flasche Cola, die ich zum Beweis aus meinem Rucksack zerre und wie den Weltmeisterschaftspokal in die Höhe stemme.

Leider bleibt für ein ausführliches Gespräch keine Zeit, da viele schon schlafen wollen und die Ersten streng gucken. Von daher verschwinde ich schleunigst unter die Dusche. Als ich danach in mein klappriges Etagenbett klettere, schnarcht es bereits aus allen Ecken. Problemlos kann ich auch das vertraute Geröchel von Jack identifizieren, denn er ist der lauteste. Nun bin ich kein Experte für ungewöhnliche menschliche Geräusche. Aber wenn fünf von 19 Personen schnarchen, liegt das dann noch im Schnitt? Oder habe ich besonderes Pech?

12. Mai 2019

Zumaia – Der Teufelsanbeter

DIESER WEG WIRD immer verrückter. Habe gerade definitiv das abgefahrenste Gespräch meines Lebens geführt. Sitze jetzt in dem verwilderten Garten meiner Herberge, einem ehemaligen Kloster in Zumaia, und genieße die letzten Sonnenstrahlen des Tages. Es ist schon spät, bereits nach 21.00 Uhr, und eigentlich ruft so langsam mein Bett nach mir. Ich möchte aber unbedingt noch zu Papier bringen, was mir heute alles passiert ist.

Meine Güte. „Es ist schon spät, bereits nach 21.00 Uhr“ – einen solchen Satz hätte ich mir auch nie zugetraut, ich bin doch erst 30. Aber das ist ja das Gute am Pilgern: Es stellt das Leben mal so richtig schön auf den Kopf und ermöglicht neue Perspektiven.

Der Tag ging heute Morgen schon gut los. Beim gemeinsamen Frühstück im Gartenhäuschen werde ich unverhofft gefeiert. Fast zehn Personen lauschen der Geschichte meines Cola-Coups, die ich in mittelprächtigem Englisch zum Besten gebe.

Der Begeisterung tut das keinen Abbruch, und so werde ich von der bunt gemischten Truppe spontan zum Helden gekürt im Kampf gegen die Ausbeutung durstiger Pilger und den Kapitalismus. Was mir angesichts der Marke meiner Flasche zwar etwas gewagt erscheint, aber bitte! Den Ritterschlag nehme ich gerne an. Und eine junge Französin wirft ein: „So ein Mist, da habe ich mir eine Fanta gekauft, und alles ging glatt."

Da ich einer der Letzten am Tisch bin, kann ich mich an den kleinen Baguettehäppchen mit Marmelade und Käse so richtig satt essen. Das ist nach der gestrigen Dürre im Magen auch bitter nötig. 17 Euro werden hier in Orio für Bett und Frühstück fällig. Hätte ich mich gegen die Zwölf Stämme nicht verschworen, käme mir meine 15-Euro-Spende für die dortige Vollpension jetzt glatt zu niedrig vor.

An die geselligen Runden beim Frühstück könnte ich mich auf jeden Fall gewöhnen. Es ist wie im Schullandheim. Alle gackern durcheinander und haben ihren Spaß.

Die heutige Etappe ist wieder ein Traum. Bei einem Sonne-Wolken-Mix und angenehmen Temperaturen wandere ich durch Wiesenlandschaften und Weinberge. Eine pittoreske Gegend, so grün und saftig kenne ich Spanien gar nicht. Zwischendurch passiere ich idyllisch zwischen den Hügeln gelegene Küstenstädtchen, von denen jedes seinen eigenen Strand besitzt.

Einer dieser schmucken Orte heißt Getaria. Mann, ist hier heute was los. Gefühlt ist die ganze Stadt auf den Beinen. Unzählige Familien schlendern durch die engen, von hohen Fassaden gesäumten Gassen oder gönnen sich in den Außenbereichen der Restaurants ihren Sonntagsbraten.

Mitten im Getümmel einer oberhalb der Küste verlaufenden Straße komme ich an einem sonderbaren Denkmal vorbei, einer geflügelten Galionsfigur, die auf einer brüchigen Bastion der ehemaligen Stadtmauer thront. Von hier aus habe ich einen tollen Blick aufs Meer.

Als ein älterer Spanier mit zerfurchtem, bronzefarbenem Gesicht bemerkt, dass ich mich für das Bauwerk interessiere, stupst er mir gegen die Schulter und spricht mich an. Pedro, so heißt der Mann, erkundigt sich zunächst nach meinen Pilgerabsichten und erzählt mir dann in gebrochenem Englisch die Geschichte Juan Sebastián Elcanos, seines Zeichens Entdecker und berühmtester Sohn des Ortes. Ihm zu Ehren sei das Monument errichtet worden.

Am 20. September 1519 stachen von Spanien aus fünf Schiffe in See. Unter ihrem Kapitän Ferdinand Magellan brachen rund 240 Männer zu einer Reise voller Abenteuer auf. Ihr Ziel: zum ersten Mal die Welt zu umsegeln. Auf ihrem gefährlichen Trip entdeckten sie unter anderem die Meerenge zwischen dem südamerikanischen Festland und der Insel Feuerland. Diese später Magellanstraße getaufte Passage wurde für lange Zeit zur einzigen Möglichkeit, den amerikanischen Kontinent auf dem Seeweg zu passieren. Nachdem Magellan im April 1521 auf den Philippinen von Einheimischen getötet worden war, schlug die große Stunde Elcanos. Der bisherige Steuermann übernahm das Kommando und vollendete am 6. September 1522 die Reise. Auf nur noch einem mickrigen Schiff führte er gerade einmal 17 Abenteurer zurück in die Heimat. Zusammen stellten sie ein für allemal unter Beweis, dass die Erde eine Kugel ist.

Und weil ich Deutscher bin, hält Pedro noch ein Schmankerl für mich bereit. Unter den Überlebenden befand sich auch ein Hans aus Aachen, deutet er mit diebischer Freude auf eine Inschrift, die sämtliche Rückkehrer aufzählt.

Die kleine Geschichtsstunde verfehlt ihre Wirkung nicht, und so komme ich auf dem Weg nach Zumaia ins Grübeln. Was beneide ich die Menschen von vor 500 Jahren! Sie hatten noch die halbe Welt zu entdecken und durften darauf hoffen, auf etwas zu stoßen, das unsere Existenz verständlicher macht. Auf irgendwas, das an der Allgemeingültigkeit der Naturgesetze rüttelt und die Hoffnung nährt, es könne mehr hinter allem stecken, als rational erklärbar ist.

Damals konnte der Mensch noch in den Himmel starren und daran glauben, dass dort die Fäden zu einem verheißungsvollen Sinn gewoben werden. Als er noch nicht gefangen war in den Ergebnissen seines Forscherdrangs. Als er noch nicht auf viele spannende Fragen ernüchternde Antworten kannte. Ja, die Menschen damals, sie durften noch hoffen und glauben.

Heute ist die Welt im Grunde nahezu erforscht. Wir haben sie entzaubert, zu Ende entdeckt, ohne auf einen tieferen Sinn gestoßen zu sein und ohne einen Beweis für Gott in Händen zu halten. Selbst im entlegensten Winkel ist die Erde ein fürchterlich rationaler Ort.

Uns bleibt nur das Weltall. Sollte es eine Wahrheit geben, so liegt sie irgendwo da draußen. Dort könnten wir auf Lebewesen treffen, die uns nur unter der Bedingung auf ihren Planeten lassen, dass wir uns an die Zehn Gebote halten. Einen schöneren Gottesbeweis könnte es doch gar nicht geben. Sollten die Außerirdischen den allmächtigen Schöpfer aber nicht kennen, bekäme der Papst ein Problem.

Die Entdecker der Vergangenheit sind zu entlegenen Erdteilen aufgebrochen, die Entdecker der Zukunft werden zu unbekannten Planeten reisen. Doch was machen wir? Wir scheinen eine verlorene Generation zu sein: Wir haben keine Möglichkeit, bedeutend schlauer zu werden. Wir ahnen, wo die Reise hinführen muss, sind selbst aber nicht dazu in der Lage, sie anzutreten. Wir können allenfalls Wegbereiter sein für jene, die nach uns kommen. Wäre das ein befriedigender Sinn für unser Leben? Wegbereiter sein? Die Technik weiterzuentwickeln, damit andere abstauben können? Das hängt wohl wesentlich davon ab, ob wir ihren Entdeckungstouren vom Himmel aus werden zusehen können.

Als ich mich gegen 14.30 Uhr mit großen Schritten Zumaia nähere, raucht mir ganz schön der Kopf. Mann, da wurden meine Gedanken aber kräftig durcheinandergewirbelt. Und alles nur wegen eines harmlosen Denkmals am Wegesrand. Aber genau für solche Einfälle habe ich mich ja auf diese Reise begeben. Bleibt nur zu hoffen, dass ich falsch liege und wenigstens der Jakobsweg noch voller Wunder steckt.

Zumaia ist ein bezauberndes Städtchen. Von einer Anhöhe aus erreiche ich bei strahlend blauem Himmel den zwischen Bergen gelegenen Ort. Dominiert wird das Stadtbild von einem großen Jachthafen und einer monumentalen Kirche mit im Vergleich zu den restlichen Proportionen geradezu winzigem Türmchen. Das gotische Bauwerk wirkt eher wie eine Festung als ein Sakralgebäude.

Mehr als die 17 Kilometer bis hierher schaffe ich heute nicht, denn es gibt kein Körperteil an mir, das keine Schmerzen verspürt. Neben meinem geistig bedingten Brummschädel zwicken vor allem die Oberschenkel und Waden. Von meinen Füßen ganz zu schweigen; unter dem linken großen Zeh habe ich sogar eine erste kleine Blase. Außerdem fühlen sich meine Schultern von der Last des Rucksacks beinahe taub an. Wie ich am ersten Tag 25 Kilometer zurücklegen konnte, ohne tot umzufallen, bleibt mir ein Rätsel.

In der Klosterherberge im Schatten der Kirche, die von Nahem noch bedrohlicher aussieht, bin ich einer der Ersten. Im Eingang sitzt an einem kleinen Holztisch ein ruppiger älterer Herr, der ausschließlich Spanisch spricht und tödlich beleidigt wirkt, dass ich das nicht tue. Als Reaktion auf diese Erkenntnis lässt er einfach noch mehr Informationen in seiner Landessprache auf mich einprasseln. Ein seltsamer Kerl. Immer wieder lacht er dabei auch derb, als hätte er gerade einen schmutzigen Witz gerissen. Oder als würde er sich köstlich darüber amüsieren, dass er den größten Blödsinn der Welt herausposaunt und ich aus Höflichkeit trotzdem fortlaufend nicke. Wahrscheinlich teilt er mir gerade mit: „Du bist ein Riesenidiot", was ich mit einer bestätigenden Kopfbewegung bejahe.

Nach einer Weile eilt mir ein junger Bursche zu Hilfe, der höchstens zwölf sein kann. Der blonde Junge muss als Dolmetscher fungieren und zeigt mir sogar mein Zimmer. In Englisch hat der bestimmt eine Eins, so oft wie er hier vermutlich aushelfen muss. Der Mann bleibt derweil stoisch an seinem Tischchen sitzen und bewacht mit Argusaugen den Eingang. Der geborene Türsteher!

Das Innere des Klosters ist rustikal. Ausgehend vom Eingang führt ein mit knarzenden Dielen ausgelegter Korridor wie ein Kreuzgang einmal rundherum. Es riecht hier so, als hätte das dunkle Holz eine ordentliche Portion Weihrauch eingesogen. Von dem Gang zweigen zu beiden Seiten die Quartiere der Pilger ab. Der Junge schließt mir ein Doppelzimmer auf, das ich zunächst für mich allein habe. Ein Traum, wenn es dabei bliebe. Die Einrichtung ist mehr als spartanisch: Es gibt zwei Betten, einen Schrank sowie zwei Stühle, die gleichzeitig als Nachttische dienen.

Am Nachmittag kommt keine Langeweile auf. Erst wasche ich meine Klamotten, denn dazu bin ich gestern nach der späten Ankunft nicht mehr gekommen; dann laden mich Steffi und Maren, zwei Abiturientinnen aus Süddeutschland, zum Kartenspielen im Garten ein. Genau das Richtige, um erst mal zu entspannen. Später erkunde ich Zumaia auf eigene Faust. In meinem Nachmittagsoutfit, einer kurzen schwarzen Hose und einem dunkelgrünen T-Shirt, schlendere ich an der beeindruckenden Steilküste mit ihren bis zu 20 Meter hohen Felswänden entlang. Der dazugehörige Strand dient als Drehort für die Serie „Game of Thrones". Davon habe ich zwar noch nie eine Folge gesehen, aber es ist trotzdem ein erhabenes Gefühl, behaupten zu können, auf der Insel Dragonstone an der Ostküste von Westeros zu stehen. Ich wette: Einige meiner Kollegen wären gerade ganz schön neidisch auf mich.

Am Ende meines kleinen Stadtrundganges suche ich mir endlich etwas Ordentliches zu essen. An einem großen Platz mit Bänken und Außengastronomie hüpfe ich in ein kleines, modern eingerichtetes Restaurant, das auf seiner Händlerschürze mit Hamburgern wirbt. Was sonst so auf den Speisekarten steht, verstehe ich nämlich nicht.

Gerade bei der Nahrungsbeschaffung merkt man mir den All-inclusive-Urlauber noch an. Da rangiere ich zwischen unbeholfen und komplett unfähig. Entweder halten die Spanier Siesta, wenn ich einkaufen will, oder ich finde zwar ein geöffnetes Lokal, aber in dessen Küche wird erst ab 20.30 Uhr gekocht. Vorher gibt es nur belegte Brötchen. Immerhin habe ich mich heute in einer sogenannten Frutteria mit zwei Bananen, einer Birne und zwei Händen voll Erdbeeren eingedeckt. Diese Obstläden gibt es in Spanien an jeder Ecke, so wie Friseure und Dönerbuden in Deutschland.

Mein deftiges Abendmahl schmeckt ausgezeichnet. Der Burger ist saftig, und die Pommes sind knusprig. Als ich den Teller etwa zur Hälfte geleert habe, erscheint im Türrahmen ein stämmiger Pilger. Himmel, bitte nicht der! Dem etwa 50-Jährigen bin ich vorhin bereits in Zarautz begegnet, einem Örtchen kurz vor Getaria – und zwar in besagter Frutteria. Dort hat er der armen Verkäuferin ein Ohr abgekaut, während vier Spanier und ich hinter ihm in der Schlange standen und warten mussten. Eine echte Quasselstrippe, von dem habe ich für heute genug!

Mit wachsender Panik beobachte ich, wie sein rundes Gesicht sich suchend umschaut. Ich bin mir sicher: Der hält eindeutig Ausschau nach seinesgleichen, und hat der mich erst gesehen, werde ich um ein Gespräch mit ihm nicht herumkommen. Darauf habe ich aber keine Lust! Ich möchte meine Ruhe haben, denn mir spukt noch immer Juan Sebastián Elcano durch den Kopf.

Kurz entschlossen beuge ich mich zur Seite und tue so, als würde ich in einer Tasche wühlen oder etwas auflesen. Was natürlich eine bekloppte Idee ist! Denn da sich auf dem Boden nun mal keine Tasche befindet und dort auch sonst nichts liegt, ziehe ich nur die Blicke einer aufgekratzten Teenie-Bande auf mich, die am Nachbartisch sitzt und feixend zu mir herübergafft. Unauffällig geht anders! Da hätte ich den Kerl auch gleich herbeiwinken können.

Ängstlich richte ich mich wieder auf und bekomme einen Schreck. Der Mann in der khakifarbenen Survival-Weste steht direkt vor meiner Nase und wirft einen breiten Schatten auf meinen Teller. Na dann, prost Mahlzeit. Wäre ich mal besser flugs auf die Toilette gerannt.

„Dachte ich es mir doch, ein bekanntes Gesicht, nicht wahr?“, begrüßt er mich strahlend und setzt sich, ohne mich zu fragen, auf den Stuhl mir gegenüber. Ganz schön unhöflich, wie ich finde. Oder bin ich es etwa, der unhöflich ist?

Erst jetzt nimmt er das Käppi von seinem sonnenverbrannten Schädel und fährt sich durch die stoppeligen rotbraunen Haare. Mit den Worten „Gestatten, Richard mein Name“ stellt er sich hochoffiziell vor. Kurz bin ich versucht, etwas ähnlich Hochtrabendes zu entgegnen, belasse es dann aber bei einer höflichen Begrüßung. Ich will keinen Streit.

Bevor ich Einwände erheben könnte, hat sich mein neuer Tischpartner in beneidenswertem Spanisch ein Bier bestellt. Essen wolle er nichts mehr, wie er der Bedienung erklärt. Prima, habe ich es doch gleich gewusst. Der ist nur aufgekreuzt, um jemandem ein Gespräch aufzudrücken. Ich fürchte nur, da ist er bei mir an der falschen Adresse. Ich bin ein lausiger Zuhörer und nicht besonders gut darin, übers Wetter zu plaudern.

„Woher kommst’n du?“, beginnt er nicht besonders kreativ die Konversation.

„Aus Oschnabrück“, nuschele ich mit vollem Mund. Ich esse nun mal gerade.

„Neeee! Woher du heute kommst, will ich wissen. Wo bist du heute gestartet?“

Na, das geht ja gut los – und leider wird es auch nicht besser. Eine Frage nach der anderen feuert er ab, und jedes Mal verstehe ich ihn entweder falsch, oder die Antwort, die ich gebe, passt ihm nicht in den Kram. Irgendwann schleicht sich dann auch noch ein leicht vorwurfsvoll klingender Unterton in seine Stimme. Warum ich einen Burger bestellt habe, erkundigt er sich. Den könne ich doch überall kriegen. Spanien habe eine solch abwechslungsreiche und schmackhafte Küche zu bieten. Ja, warum bestellst du dann nichts?!, schießt es mir gereizt durch den Kopf – doch auch diesen Gegenangriff schlucke ich wieder herunter. Und warum ich in Zarautz nicht den empfohlenen Weg über den Berg genommen hätte, sondern die Straße am Wasser. Ich sei wohl nicht so wandererprobt, unkt er. Er für seinen Teil laufe ja regelmäßig durch die Alpen, denn er komme aus Bayern.

Dann schießt er den Vogel jedoch ab. Als ich schon ganz mürbe bin, will er aus heiterem Himmel von mir wissen: „Und, hast du den Teufel schon gesehen?“

Bitte was? Ich glaub, ich hör nicht recht und verschlucke mich fast an einem Stück Fleisch. Was ist denn das jetzt für eine dumme Frage? Nach einer kurzen Pause, in der ich alle erdenklichen Reaktionen durchgehe von lauthals loslachen bis wortlos aufstehen und weggehen, kann ich meinen Hang zur Ironie nicht länger unterdrücken. So ernst wie möglich erwidere ich: „Natürlich. Gerade gestern erst. Da lag er seelenruhig mit seinem Dreizack am Strand von San Sebastián. War ja höllisch heiß dort.“

„Sehr witzig“, kommentiert er genervt. „Aber mal im Ernst“, versucht er, den Faden sofort wieder aufzunehmen. Das fällt mir bei diesem Thema reichlich schwer, aber bitte, ich gebe mein Bestes.

Fast alle Pilger würden Gott finden wollen, stellt er nüchtern fest. Da hat er recht, ich bin ja auch so einer. „Und deswegen“, fügt er hinzu, „halte ich eben Ausschau nach Hinweisen auf den Teufel! Der muss doch auch irgendwo sein.“

Ähm, nein, muss er nicht, denke ich mir. Skeptisch kräusele ich die Stirn. „Den Teufel finden wollen, ist das nicht ein bisschen abwegig?“, melde ich vorsichtige Zweifel an.

„So abwegig nun auch wieder nicht“, insistiert er ernst. „Im Grunde doch nicht abwegiger, als zu glauben, Gott treffen zu können, oder? Dessen Existenz ist ja auch nicht gerade gesichert. Und doch glauben viele daran.“

Hmm. Irgendwie hat er da einen Punkt. Ich wundere mich ja auch immer. Tausende Jakobspilger behaupten, Gott begegnet zu sein, und dennoch tappen wir, was seine Gestalt und sein Wesen betrifft, noch immer im Dunkeln. Es müsste doch mehr aus dem Kreis der Erlauchten durchsickern. Aber immerhin gibt es diese Berichte, was man in Bezug auf den Teufel nicht behaupten kann.

„Ich bin jedenfalls der Ansicht“, führt Richard selbstbewusst fort, „sollte es die beiden geben, wird der Teufel wesentlich leichter zu finden sein.“

„Wieso das denn?“, hake ich weiter skeptisch, aber zugegebenermaßen auch ein bisschen neugierig nach. Ich räume es nur ungern ein, aber Richard hat mein Interesse geweckt. Er ist zwar eine Nervensäge, aber ohne Zweifel auch originell.

Er räuspert sich und blickt mich konzentriert an. „Weißt du, ich habe keinen blassen Schimmer, ob es Gott nun gibt oder nicht. Aber stimmen die Geschichten über ihn, dann stimmen auch die Geschichten über den Teufel. Und während Gottes Terminkalender aus allen Nähten platzt, sodass er gar nicht allen begegnen kann, die das auf dem Jakobsweg wollen, wird der Teufel froh darüber sein, dass endlich mal jemand kommt, um ihn zu finden. Und er müsste uns doch die gleichen Fragen beantworten können wie Gott. Er ist ja so was wie sein Gegenspieler und hat einen Blick hinter die Kulissen geworfen. So wie Mephisto eben“, schiebt er nach einer kurzen Pause hinterher. Aha, jetzt wird mir einiges klar. Offenbar hat er sich Goethes „Faust“ zur Inspiration genommen.

Den Teufel finden wollen ... ich bin hin- und hergerissen. Die eine Stimme flüstert mir ein: Das ist ein Spinner, der dich gerade auf den Arm nimmt, und du steigst voll drauf ein. Die andere Stimme sagt: Das ist ein Spinner, der das absolut ernst meint. Und irgendwie neige ich dazu, diesem komischen Vogel seine Geschichte abzukaufen. Wie ein gewiefter Schauspieler sieht der nun wirklich nicht aus. Außerdem behauptet er, Malermeister zu sein. Aber das könnte ja auch geflunkert sein. Auf jeden Fall ein wunderlicher Mensch, der heute nicht im Kloster schläft, sondern in einer Pension.

Als ich auf mein Zimmer zurückkehre, wartet eine faustdicke Überraschung auf mich. Wer liegt da in meinem Nachbarbett und pustet mir ein kräftiges „Hellooooo“ entgegen? Natürlich, der an Asthma leidende und schnarchende Australier Jack. Auch wenn ich mein Pech zunächst kaum fassen kann, freue ich mich am Ende darüber, ihn zu sehen. Lieber ärgere ich mich über die Marotte eines Bekannten, als gegenüber einem Fremden gar nichts zu fühlen.

„Ist Christoph auch hier?“, erkundige ich mich.

„Nein, leider nicht", erwidert Jack niedergeschlagen. „Er hatte Fußschmerzen und konnte nicht mehr weiterlaufen. Er ist oben auf dem Berg in einem Hotel geblieben und will morgen zum Arzt. Aber ehrlich gesagt habe ich wenig Hoffnung."

Unglaublich, so schnell kann es gehen. Auch die junge Maren konnte ihren Fuß kaum noch bewegen. Ich drücke den beiden die Daumen, dass sie wieder auf die Beine kommen. Ich weiß nicht, wie ich einen Abbruch verkraften würde. Wie lange habe ich mit mir gerungen, bis ich mich zu diesem Abenteuer entschlossen habe. Und wie lange habe ich mich dann darauf gefreut, trotz der immer wieder aufkeimenden Zweifel. Wenn ich jetzt zum Aufgeben gezwungen wäre, würde ich die Welt nicht mehr verstehen.

Seit drei Tagen wandere ich nun durch Spanien. In einem habe ich mich gründlich getäuscht. Ich habe den Jakobsweg für eine todernste Angelegenheit gehalten. Ein Weg voller Depressiver und Kranker, die auf Heilung hoffen oder Gott finden wollen – was sollte es da schon zu lachen geben? De facto lache ich hier mehr denn je. Die Strecke quillt über vor Sonderlingen, die allesamt der Feder Thomas Manns entsprungen sein könnten: 80-jährige Japaner mit zwei Rucksäcken, Deutsche, die den Teufel suchen, Amerikaner, die eine Sekte prellen, und schnarchende Australier, die ich partout nicht wieder loswerde – wenn ich nur an all die schrägen Typen denke, falle ich vor Lachen fast vom Bett.

13. Mai 2019

Irgendwo auf einem Berg – Auge in Auge mit dem Tod

DAS BASKENLAND TREIBT mich noch in den Wahnsinn! Es ist so ungeheuer schön, doch auch mordsmäßig fordernd. Idyllisch am Meer gelegene Städtchen wechseln sich ab mit knackigen Anstiegen in die Berge – und das mehrmals pro Etappe. Seit Tagen nichts als rauf und wieder runter. Allmählich komme ich mir vor wie Sisyphos, nur dass ich keinen Stein mit mir herumschleppe, sondern einen Rucksack.

Dazu verlaufe ich mich auch noch ständig und lege Höhenmeter zurück, die nicht auf meinem Weg liegen. Gestern bin ich zu meiner Schande sogar im Kreis gelaufen. Wollte es erst gar nicht wahrhaben ... Auf dem Pfad für Fußgänger bin ich in das Dörfchen Askizu hinaufgepilgert und auf der Straße für Autos in einem großen Bogen wieder hinuntergetrottet. Geht es eigentlich dümmer? Plötzlich habe ich wieder am Fuß des Berges gestanden und fassungslos auf die steile Piste gestarrt.

Manchmal gleicht das Aufspüren der Markierungen einer Ostereiersuche. Man muss schon höllisch aufpassen, um die Muschel-Aufkleber oder die mit Kreide gemalten Pfeile nicht zu übersehen. Sie befinden sich an Mauern, Baumstämmen oder Straßenschildern, und sobald ich etwas in mich gekehrt bin, latsche ich blindlings an ihnen vorbei. Würden mir nicht dauernd hilfsbereite Spanier auf die Sprünge helfen, wäre ich trotz meines Reiseführers aufgeschmissen.

Heute Morgen hätte ich nicht erwartet, dass ich auch nur einen Meter würde laufen können. Bin des Nachts aus dem Schlaf geschreckt, in meinem linken großen Zeh pocht ein tierischer Schmerz. Notdürftig schäle ich mich aus dem Schlafsack und taste nach meinem Fuß. Aua! Der Zeh ist geschwollen und fühlt sich an wie ein wabbeliges Wasserbett. Die kleine doofe Blase von gestern hat sich offenbar entzündet. Nun droht auch mir die Ersatzbank.

So leise wie möglich krame ich ein Döschen mit einer Nadel aus dem Rucksack, werfe mir den geöffneten Schlafsack über den Kopf und beleuchte den Zeh mit dem Smartphone. Nach einer Notoperation droht mein großer Onkel wenigstens nicht mehr zu zerbersten. So ganz taufrisch sieht er trotzdem noch nicht aus. Und zurück in den Schlaf finde ich auch nicht mehr. Während der Prozedur fällt mir auf, dass das Doppelzimmer ein falscher Freund ist. So verlockend die Aussicht auch klang, ein Zimmer fast für mich allein zu haben, so sehr vermisse ich jetzt die Anonymität des großen Schlafsaals. Da herrscht sowieso immer Chaos, und ob du selbst mal etwas lauter bist, spielt keine Rolle. Man ist immer nur eine Stimme im Chor der Verrückten.

Im Doppelzimmer trägt man eine ganz andere Verantwortung füreinander. Jeder Mucks kann den Zimmerpartner um seine wohlverdiente Erholung bringen. Ich traue mich nicht mal, mich wieder richtig in den Schlafsack zu kuscheln, weil das mit einem riesigen Geraschel verbunden wäre. Von nun an werde ich die Herbergen nach der Zahl ihrer Betten auswählen. Je mehr, desto besser. In diesen Unterkünften habe ich wunderbar geschlafen. Heute dagegen liege ich seit 3.30 Uhr wach.

Zwei Stunden später gebe ich auf und ziehe die Notbremse. Ich werde noch zum echten Frühaufsteher. So lautlos wie möglich stopfe ich meinen kreuz und quer verteilten Kram in den Rucksack und schleiche von dannen.

Um 6.30 Uhr quäle ich mich humpelnd den ersten Hügel hinauf. Mir ist richtig elend zumute! Ich habe schlecht geschlafen, hatte kein Frühstück, trage einen Sack voll feuchter, müffelnder Wäsche mit mir herum, es ist kalt, und ich kann nicht mal vernünftig laufen. Ein echt bescheidener Morgen!

Oben angekommen, hinke ich passenderweise an einem Friedhof vorbei und fühle mich direkt zu Hause. Am liebsten würde ich mich einfach dazulegen.

Von außen sieht der Friedhof aus wie eine Ritterburg: quadratisch und umgeben von einer hohen Mauer mit Zinnen. Neugierig schreite ich durch ein Tor und schaue mich genauso fasziniert wie irritiert um. Hier sieht es so gar nicht aus, wie ich es von Friedhöfen gewohnt bin. Dieser Ort scheint komplett aus Gestein und Granit zu bestehen, Grünzeug sehe ich kaum, geschweige denn Rasen.

Sofort laufe ich zwischen Steinwänden voller Klappen hindurch, in die Namen und Todesdaten eingraviert sind. Hinter ihnen verbergen sich offenbar Grabnischen – ein bisschen so wie in der Gerichtsmedizin. Wände voller toter Menschen. Gruselig.

Das Verstörendste ist: An den Klappen hängen kleine runde Porträts. Viele alte Menschen lächeln mir entgegen, aber auch der 14-jährige Pepe, der 1981 gestorben ist. Bedrückend, wie der Tod an diesem Ort ein Gesicht bekommt. Aber auch faszinierend. Jedes Bild scheint die Geschichte eines Lebens zu erzählen, eines traurigen, witzigen oder spannenden. Wer könnte das von Gräbern auf deutschen Friedhöfen schon behaupten?

Welches Foto wohl von mir vor solch einer Klappe hinge? Ich würde mir eines mit herausgestreckter Zunge wünschen, frei nach dem Motto: Ätschibätsch, ich weiß ja jetzt, ob uns nach dem Tod noch etwas erwartet, während du dir darüber weiterhin wie blöde den Kopf zermartern musst.

Ich kann mich nur schwer trennen von diesem Ort. Und während ich so durch die Reihen spaziere und in die überwiegend zuversichtlichen Gesichter der Verstorbenen blicke, steigt in mir die Gewissheit auf: Es gibt keinen Grund, Angst vor dem Tod zu haben. Entweder landen wir bei Gott, und alles ist gut. Oder wir verpuffen im Nichts und können uns genau darüber nicht mehr beschweren. Der Tod ist nicht der Feind des Menschen, er ist nur der Feind des Lebens. Eine ermutigende Erkenntnis. Außerdem ist noch niemand der rund 110 Milliarden Menschen, die jemals auf der Erde gelebt haben sollen, zurückgekommen, um uns vor dem Sterben zu warnen. Das deute ich als gutes Zeichen.

Der Weg führt mich heute zunächst durch einsame Landschaften ins zwölf Kilometer entfernte Deba. Der Blick auf die Berge und die in der Ferne nur schemenhaft zu erkennenden Gipfel ist grandios. Die tief stehende Morgensonne taucht die Wiesen und Weiden in verwunschene Grün-Schattierungen. Wie im Bilderbuch!

Je länger ich laufe, desto weniger Probleme bereitet mir auch mein Zeh. Auch meine Beine und Schultern lassen sich wieder weitgehend schmerzfrei bewegen.

Über Kilometer hinweg wandere ich auf teilweise schwindelerregenden Wiesenwegen oberhalb der Klippen am Meer entlang. Von den höchsten Punkten aus habe ich einen tollen Blick aufs Wasser und die bizarre Küste. Statt Sandstränden gibt es hier gewaltige Gesteinsteppiche aus parallel verlaufenden, scharfkantigen Lamellen, die sogenannten Flysch-Formationen.

Den ganzen Vormittag stiefele ich durch diese abgelegene Gegend, erklimme Gipfel und durchschreite Senken, in denen nur das ferne Läuten von Kuhglocken an meine Ohren dringt. Bestimmt eine halbe Stunde verbringe ich bei einer Herde Ziegen. Während sie auf einer abgenagten Weide die letzten Büschel aus dem Boden rupfen, sprießen auf meiner Seite des Zauns die längsten und schmackhaftesten Halme. Mit einem Strahlen im Gesicht schiebe ich die saftigen Gräser durch die Maschen und finde dankbare Abnehmer. Drei zuckersüße Zicklein knabbern mir dicht aneinandergedrängt aus der Hand. Ist ja auch gemein, dieses unerreichbare Paradies den ganzen Tag vor Augen zu haben.

Ein bräunliches Jungtier hat es mir besonders angetan. Es bleibt am längsten stehen, zeigt keinerlei Scheu und futtert, was das Zeug hält. Mit seinen Segelohren hat das zutrauliche Ding einen solch liebenswürdigen und treuen Blick, dass mein Herz einen Luftsprung macht. Einfach ein goldiges Wesen mit Gesicht zum In-die-Wange-Knuffen. Ich streichle den kleinen Racker, knipse Selfies mit ihm und fühle mich pudelwohl. Die vielen Tiere komplettieren zweifellos das Rundum-Sorglospaket des Jakobsweges. Abgesehen von den meist schlecht erzogenen Hunden, die einem vor manch vorbeiziehenden Hof kläffend in den Weg springen!

Nach einem kurzen Zwischenstopp in dem auf Meeresniveau gelegenen Deba, wo ich endlich einen Supermarkt finde, der geöffnet hat, geht es – Sisyphos lässt grüßen – zurück in die Berge. Sieben weitere schweißtreibende Kilometer später komme ich gegen 15.00 Uhr erschöpft an meiner Herberge an, die in 250 Meter Höhe liegt. Wie der Ort hier heißt, weiß keiner so genau. Mein Buch behauptet Arnope, ein Pilger sagt Ibiri. Mag sein, dass das eine die spanische, das andere die baskische Bezeichnung ist; entdecken kann ich hier keinen der Namen. In jedem Fall handelt es sich um eine lose Ansammlung von verstreut stehenden Häusern und Höfen.

Zwei Schlafsäle mit jeweils acht Etagenbetten stehen den Pilgern zur Verfügung. Aus irgendeinem Grund wird hier nach Männlein und Weiblein getrennt, was zu der absurden Situation führt, dass ich mich mit zwölf Kerlen in einem fensterlosen, stickigen Raum zusammenrotten muss, während sich die Frauen zu dritt das andere Zimmer teilen. Aber ich habe es ja so gewollt. Was der Wirt wohl macht, wenn noch vier weitere Männer kommen?

Meine Freizeit nutze ich zum Waschen. Das Gute an dieser Herberge: Es gibt eine Wäscheschleuder, eine Art Saftpresse für nasse Kleidung, die unter ohrenbetäubendem Gerumpel das Wasser aus dem Stoff zentrifugiert. Unglaublich, was für Massen da in eine kleine Schüssel fließen. Kein

Wunder, dass meine Kleidung bisher nie richtig trocken geworden ist.

Leider wird meine Laune im Laufe des Nachmittags immer schlechter. Zu meiner eigenen Verwunderung quittiere ich die Ankunft eines jeden Neuankömmlings, den ich nicht kenne, mit immer größer werdender Enttäuschung. Bis zum Abendessen um 19.00 Uhr bleibt es dabei: Unter den 20 Pilgern befindet sich kein einziges mir bekanntes Gesicht.

Es ist schon komisch: So richtig kennt man auf dem Jakobsweg ja doch keinen, schon gar nicht nach vier Tagen, und trotzdem fühle ich mich gerade allein. Jack, Christoph, Steffi und Maren, Hiroto, David, selbst Richard – sie alle waren mir irgendwie ans Herz gewachsen, doch von denen ist keiner hier. Die sind jetzt sicher alle in Deba und haben den Spaß ihres Lebens. Zumindest Jack hatte mir gesagt, dass er heute dorthin wolle. Aber ich musste ja unbedingt weiterziehen, um einem vielversprechenden Kloster näherzukommen, in dem ich morgen übernachten will. Womöglich hatte ich unterbewusst erwartet, dass ich von nun an jeden Tag auf dieselben Menschen treffen werde, ganz automatisch, als wären wir eine große Schulklasse.

Das Essen, immerhin zwölf Euro teuer, erweist sich leider auch als Reinfall. Zu siebt sitzen wir an einem Tisch und ärgern uns über das zähe Hähnchenfleisch. Danach habe ich erst recht keine Lust mehr dazu, mit irgendjemandem Kontakt zu knüpfen. Ich fühle mich hier einfach fremd, wie strafversetzt in eine neue Gruppe.

Gestern bin ich angekommen und habe Karten gespielt. Vorgestern konnte ich Jack und Christoph direkt von meinem Cola-Coup berichten. Und heute? Heute treffe ich auf eine anstrengende Ärztin, die gerne Betten im Voraus bucht, denn man wisse ja nie und müsse auf Nummer sicher gehen. Blöderweise habe ich ihr von den Mönchen erzählt. Und was sagt sie? „Klingt interessant, da rufe ich morgen früh direkt mal an." Zum Glück akzeptieren die genau wie die öffentlichen Herbergen keine Reservierungen. Wer zuerst kommt, mahlt zuerst.

Auch die lauthals quasselnden Franzosen und der ältere Rumäne im Bett über mir gehen mir auf den Senkel. Der Senior daddelt die ganze Zeit auf seinem Handy herum – und das mit eingeschaltetem Tastenton. Ernsthaft? Im Jahr 2019?

Es ist zum Auswachsen. Nun habe ich meinen Gemeinschaftssaal und wünsche mir nichts sehnlicher als meinen schnarchenden Australier zurück. Meine Güte, bin ich grummelig und knatschig, ich lasse es für heute besser gut sein. Die können ja nichts dafür. Was weiß ich, warum ich plötzlich so schlechte Laune habe. Weil ein ganzer Tag ohne ein gutes oder wenigstens kurioses Gespräch hinter mir liegt? Weil ich mir meine Einsamkeit selbst eingebrockt habe, nur um morgen in einer bestimmten Herberge zu schlafen? Keine Ahnung. Augen zu, und an die Zicklein denken!

14. Mai 2019

Zenarruza – Vorsicht, Suchtgefahr!

WAR ICH DAS GESTERN eigentlich, der sich zu einem Faible für große Unterkünfte bekannt hat? Ich ziehe alles zurück und behaupte das Gegenteil! In meiner Herberge liegen die Lichtschalter für Badezimmer und Schlafsaal fatalerweise direkt nebeneinander – und zwar unbeschriftet! Als einer meiner geschätzten Mitpilger meint, bereits um 5.30 Uhr aufstehen zu müssen, hat er eine 50-50-Chance, in den Waschbereich zu gelangen, ohne die versammelte Mannschaft aus den Träumen zu reißen. Was dann passiert, ist klar: Getreu Murphys Gesetz haben wir Sekunden später Festbeleuchtung im Saal.

Was zur Hölle?! Entgeistert fahre ich aus dem Schlaf und blinzele gegen das grelle Licht. Aus allen Ecken dröhnen schmerzerfüllte „Ahhh"-Rufe und wüste Verwünschungen. Dann ist es wieder dunkel. Ein kleinlautes „Sorry" erklingt aus Richtung der Tür, das im allgemeinen Tumult aber untergeht.

Zum letzten Mal so erschreckt habe ich mich mit zwölf, als mein Vater jeden Morgen ins Zimmer kam, und es hieß: „Aufstehen, die Schule geht los!" Anders habe ich das als vorpubertierender Bengel wohl nicht verstanden.

Die meisten kommen nicht mehr zur Ruhe, vermutlich durchleben sie alle gerade ihr ganz persönliches Kindheitstrauma. Und nachdem der Nächste durch die Dunkelheit gestolpert ist, stehe ich auch auf. Auszuschlafen kann ich mir mal wieder abschminken. Was für ein Chaos. Oder aber: der ganz normale Wahnsinn in einer Pilgerherberge! Immerhin beherrsche ich jetzt Flüche in acht verschiedenen Sprachen. Beim nächsten heftigen Anstieg lasse ich die alle vom Stapel.

Halb in Gedanken daran, ob ich die Mathe-Hausaufgaben erledigt habe, packe ich etwas tüdelig meine Sachen und bin um 6.45 Uhr der Erste, der die Unterkunft verlässt. Auf ein Frühstück muss ich auch heute wieder verzichten.

Vor mir liegt die bisher längste Etappe. 26 Kilometer ist das Kloster von Zenarruza entfernt. Das wäre in etwa so viel, wie ich am ersten Tag gelaufen bin. Mal sehen, wozu mein Körper mittlerweile imstande ist. Auf einsamen Waldwegen laufe ich über mehrere Kilometer bergauf und bergab. Teilweise geht es hoch hinaus, und ich komme an Lichtungen mit Hunderten Baumstümpfen vorbei. Ganze Wälder wurden hier dem Erdboden gleichgemacht. Dafür öffnet sich ein fantastischer Blick auf die wellenförmig bis zum Horizont verlaufende Bergwelt.

Kurz darauf durchschreite ich märchenhafte, im Nebel liegende Täler mit Weiden voller Kühe, die sehnsüchtig darauf warten, dass die Sonne sich über die Gipfel schiebt. Wie schaurig-schön das hier ist! Und die taubenetzten Kräuterwiesen verströmen einen wunderbar würzigen Duft. Nur vom Meer ist heute nichts zu sehen, denn vom Atlantik musste ich mich gestern vorerst verabschieden. Der Camino verläuft nun einige Tage landeinwärts und nimmt Kurs auf Bilbao, die größte Stadt des Baskenlandes.

Schon früh wird es heute unangenehm heiß. Bereits am späten Vormittag brennt die Sonne vernichtend vom Himmel. Ich tue alles, um mir ein bisschen Linderung zu verschaffen: Ich krempele meine Hosenbeine hoch, zupfe an meinem T-Shirt herum, um meinem Oberkörper Luft zuzuwedeln, und stülpe mir zum ersten Mal meinen Sonnenhut über den Kopf. Diesen lappigen beigefarbenen Fetzen habe ich zu Hause in letzter Sekunde von der Garderobe gefischt. Eigentlich gehört er meiner Frau und ist mir mindestens drei Nummern zu klein. Da ich in meinem Nacken aber seit gestern einen leichten Sonnenbrand spüre, komme ich nicht umhin, ihn zu benutzen. Ich sehe so richtig schön bescheuert aus in diesem viel zu eng sitzenden Teil und reiße es mir, wann immer ein Mensch in Sichtweite kommt, hektisch vom Schädel.

So handhabe ich das auch bei einer Pilgerin mit kastanienbraunem Pferdeschwanz, zu der ich nach etwa 15 Kilometern in dieser von Nadelbäumen gesäumten Bergkulisse aufschließe. Ihrem leuchtend orangefarbenen T-Shirt folge ich bereits seit einer Weile, und jetzt habe ich sie endlich eingeholt. Die Frau macht einen sympathischen Eindruck auf mich, sofern ich das von hinten beurteilen kann, und nach dem verkorksten gestrigen Abend steht mir der Sinn nach einem Gespräch.

So wirklich rund läuft es zunächst aber nicht. Wie ein überdrehter Losverkäufer vom Rummel tauche ich neben ihr auf und begrüße sie vielleicht ein bisschen zu überschwänglich mit einem langgezogenen „Hal-loohoo“.

Mit gefrorenen Gesichtszügen erwidert sie meinen Blick, lässt ein kurz angebundenes „Hi“ hören und starrt wieder abweisend auf den Boden.

Hoppla, da will wohl jemand nicht gestört werden. Ob alles in Ordnung sei, forsche ich trotzdem weiter, denn sie wirkt ein bisschen bedrückt.

„Tja“, seufzt sie, „es ist nur so ... ich hatte heute schon eine ziemlich unangenehme Begegnung mit einem anderen Pilger. Die muss ich erst mal verdauen.“

Oje, was ist denn da passiert? Ich gehe sofort vom Schlimmsten aus und hake besorgt nach. Und siehe da: Schon stecke ich mittendrin in einer lebhaften Unterhaltung mit der 38-jährigen Julia aus Mannheim. Sie ist etwa 1,70 Meter groß, hat ein schmales Gesicht und braune Augen.

Glücklicherweise war ihre negative Erfahrung wesentlich harmloser als von mir befürchtet – trotzdem kann ich ihre Reaktion nur allzu gut verstehen. Zaghaft beginnt sie zu erzählen, während sie vor ihrem Bauch hektisch mit den Händen gestikuliert. „Ach, da war dieser Typ, eigentlich ist es gar nicht der Rede wert“, brummelt sie vor sich hin. „Ich glaube, der hat sich einfach einen Spaß mit mir erlaubt, und ich dumme Pute bin auf ihn hereingefallen. Wahrscheinlich hat er eine Wette verloren, was weiß ich. Der kam an und wollte wissen, ob ich etwas über den Teufel wüsste, der müsste hier irgendwo sein, er hätte da von dieser Spanierin einen Tipp erhalten.“

Mir klappt die Kinnlade herunter, und ich bleibe augenblicklich stehen. Au Backe, das erklärt so einiges. Richard! Der hat sie doch nicht alle, der kann doch nicht mitten in der Wildnis eine Frau mit seinen Spinnereien erschrecken ...

„Du kennst den?!“ Angesichts meines verdatterten Blickes fällt Julia aus allen Wolken.

„Ja, ich kenne diesen Heini“, entfährt es mir. Amüsiert berichte ich ihr von meiner Begegnung mit dem Teufelsanbeter in Zumaia, angefangen bei „Gestatten, Richard mein Name“, bis zu der Begründung für seine ungewöhnliche Suche, und ende mit den Worten: „Ich fürchte jedenfalls, der meint das ernst – sofern er nicht mindestens zwei Wetten verloren und auch mich auf den Arm genommen hat.“ Julias Laune hellt sich merklich auf. Sie scheint erleichtert zu sein, dass sie nicht der einzige Mensch ist, den Richard heimgesucht hat.

In den folgenden 20 Minuten reden wir uns gegenseitig Mut zu und beschließen, dass dieser komische Vogel ein Fall für die Inquisition ist.

Später nimmt die Altenpflegerin noch meine Sneaker ins Visier und wirkt schockiert. Nach einem Blick auf die profillosen Sohlen prognostiziert sie mir, dass ich schon bald in einem Schuhgeschäft landen werde. „Du läufst dann wohl zum ersten Mal den Camino?“, fragt sie mich in einem fast vorwurfsvoll klingenden Ton.

Kurz bin ich versucht, mit „Nööö-öö, das ist mein sechster, immer in denselben Schuhen, immer beschwerdefrei“ zu antworten, aber ich widerstehe der Versuchung und räume meine Unerfahrenheit ein. Soll sie nur über mich herfallen.

Zu meiner Überraschung lenkt Julia das Gespräch in eine andere Richtung. „Bei mir ist es schon das vierte Mal“, sagt sie. „Seit 2014 bin ich jedes Jahr unterwegs gewesen. Zweimal bin ich den Francés gelaufen, einmal den portugiesischen Weg, dazu habe ich mehrere Routen in Deutschland erkundet, und jetzt taste ich mich an den Norte heran, erst mal nur für 14 Tage.“

Ich bin erstaunt. „Das heißt, du läufst gar nicht bis Santiago?“

Julia schüttelt den Kopf. „Nein, für mich ist der Weg das Ziel. Ich weiß, das klingt abgedroschen, aber so ist es nun mal. Ich komme zur Ruhe, erhole mich gut, habe inspirierende Begegnungen und genieße die Leichtigkeit. Was will ich mehr? Das Irgendwo-Ankommen als Bestätigung meiner Pilgerschaft brauche ich nicht.“

Das finde ich beeindruckend. Müsste ich in etwas mehr als einer Woche zurück nach Hause, würde ich schon jetzt verkrampft damit beginnen, die verbleibenden Tage zu zählen. An Loslassen wäre nicht mehr zu denken.

„Wenn du nur zwei Wochen hier bist“, frage ich daher neugierig, „genügt dir das überhaupt, um abzuschalten? Ich habe das Gefühl, noch gar nicht richtig angekommen zu sein.“

„Weißt du“, entgegnet sie ruhig, „ich bin ja schon komplette Caminos gelaufen. Natürlich ist es schöner, wenn du nicht nach wenigen Tagen schon wieder an den Abschied denken musst. Auf der anderen Seite komme ich ohne Aufregung hierher: wie das sein wird mit den Herbergen, dem langen Laufen, den anderen Menschen? Ich weiß, worauf ich mich einlasse, und bin als Wiederholungstäterin von reiner Vorfreude beseelt. Außerdem habe ich nun mal nicht mehr Zeit. Soll ich etwa für zwei Wochen nach Mallorca fliegen?“, breitet sie fragend ihre Arme aus. „Nein, nein, da bin ich hier schon besser aufgehoben. Und wenn ich wieder in Mannheim bin, plane ich in Ruhe die nächste Reise.“

„Mensch, dich scheint das Fernweh aber ganz schön gepackt zu haben“, kommentiere ich lapidar, nicht ahnend, welche Reaktion ich auslöse.

Julia wird langsamer und schaut mir mit einem gütigen, von Sehnsucht erfüllten Blick ins Gesicht. „Fernweh?“, haucht sie mit einem Glänzen in den Augen. „Nein. Heimweh.“

Mein Lächeln gefriert, ich kriege Gänsehaut am ganzen Körper. Den Jakobsweg als Heimat zu begreifen, das sind mächtige Worte. So weit bin ich noch lange nicht. Und so ganz verstehe ich das auch nicht, denn sie läuft ja immer andere. Aber ich spüre, wie ernst sie das meint. Ich zögere und traue mich dann doch. „Das klingt ja fast nach einer Sucht“, äußere ich vorsichtig.

Julia kratzt sich am Kopf. „Mag schon sein“, erwidert sie nachdenklich. „Du bist nicht der Erste, der das sagt. Das Gefühl der Geborgenheit, die Freiheit, die Nächstenliebe, die Nähe zu Gott, ja, danach kann man süchtig werden. Wonach auch sonst? Diese Eigenschaften wohnen allen Jakobswegen inne, und das ist mehr, als ich von Mannheim behaupten kann. Ein paar Tage Caminoluft zu schnuppern, darauf freue ich mich manchmal Monate. Weißt du: Als Altenpflegerin zu arbeiten, ist nicht so leicht. Ich mache es gern. Für andere Menschen da zu sein, ist schön. Ich selbst und meine Seele brauchen aber auch mal Pflege, und die bekomme ich hier“, sagt sie und lacht, verblüfft von ihren eigenen Worten.

„Bist du Gott hier begegnet?“, möchte ich es jetzt genau wissen. Ich habe das Gefühl, sie in der richtigen Stimmung zu erwischen, um mir davon zu erzählen.

Wieder spricht sie ganz leise. „Ja, da bin ich mir sicher“,

sagt sie voller Überzeugung. Allerdings will auch sie mir nicht verraten, wann, wo und wie. Jeder müsse selbst den Weg zu ihm finden.

Meine Güte, lässt Gott etwa jeden, dem er sich offenbart, eine Verschwiegenheitserklärung unterzeichnen? Das ist ja fürchterlich, aber würde erklären, warum ihm so viele Menschen begegnet sein wollen und er doch ein Phantom bleibt. Mit Details sind sie alle sparsam! Eines kann ich daher jetzt schon versprechen: Sollte ich Gott treffen, werde ich haarklein Auskunft erteilen.

Julia ist großartig. Sie ist ein bisschen verrückt, aber vor allem herzlich. Und sie zeigt mir, dass ich auch, wenn ich allerhand bekannte Gesichter vermisse, im Nu einen neuen Menschen ins Herz schließen kann. Sie schickt der Himmel, schießt es mir durch den Kopf. Vielleicht sollte ich mit meiner Wortwahl aber etwas vorsichtiger sein. Oder liege ich richtig?

Nach einigen Kilometern erreichen wir die unaussprechliche Stadt, deren Name sich kein Mensch merken kann: Markina-Xemein. Klingt wie ein Land in Afrika oder wie der Nachname einer eifrigen und frisch vermählten Grundschullehrerin. „Frau Markina-Xemein, wann kriegen wir die Arbeiten zurück?“

Am Ortseingang betreten wir die sechseckige Barockkapelle San Miguel de Arretxinaga, der äußerlich nicht anzusehen ist, welch wunderliches Bauwerk sie in ihrem Inneren verbirgt: einen megalithischen Altar aus dem Hochmittelalter. Die drei gigantischen, sich gegenseitig stützenden, bestimmt zehn Meter hohen Felsblöcke sehen so aus, als hätte Obelix vor Schreck drei Hinkelsteine abgestellt und später vergessen. In der Mitte formen sie eine kleine Höhle. Darin steht eine Figur des Erzengels Michael, dem hier gehuldigt wird.

Laut meinem Pilgerführer ranken sich um den Altar diverse Legenden. Welche das sind, lässt das Buch kurioserweise offen. Julia will es jetzt aber genau wissen. Während ich mich in Ruhe umschaue, bemüht sie mein Handy und findet Erstaunliches heraus: So sollen die Felsen natürlichen Ursprungs und rund 40 Millionen Jahre alt sein. Eine volkstümliche Legende behauptet: Falls ein junger Mann innerhalb eines Jahres heiraten möchte, muss er dreimal unter den Blöcken hindurchkriechen. Viele Männer werden jetzt wahrscheinlich denken: Himmel, warum sperrt den Ort denn keiner? Aber zu diesen Personen gehöre ich natürlich nicht.

Doch jetzt kommts: Einer anderen Legende zufolge soll der Erzengel Michael unter diesen Steinen den Teufel begraben haben.

Julia und ich machen große Augen. „Wo ist Richard?", fragen wir uns. Wir sind überrascht, ihn hier nicht bei Ausgrabungsarbeiten zu erwischen. Ob die ominöse Spanierin, von der er Julia erzählt hat, ihn zu diesem Ort schicken wollte? Wobei ihm gar nicht gefallen dürfte, dass der Teufel tot sein soll. Julia fällt jedenfalls ein Stein vom Herzen. „Der hat das wirklich ernst gemeint", prustet sie heraus. „Vorhin habe ich dir ja nicht so ganz geglaubt."

Mit dieser Erkenntnis muss ich die Mannheimerin schweren Herzens alleine lassen, denn sie hat sich in Markina ein Zimmer genommen. Dass ich auch bleibe, lässt sie nicht zu, schließlich hätte ich mir das Kloster in den Kopf gesetzt und müsse das jetzt auch durchziehen. Sich anderen anzupassen, dazu sei der Jakobsweg der falsche Ort.

Für die gemeinsame Zeit mit ihr bin ich einfach nur dankbar. Ich fühle mich gestärkt, selbst für den Fall, dass in Zenarruza wieder nur Fremde auf mich warten sollten. Aber wer weiß: Vielleicht treffe ich ja sogar Richard, ich hätte jetzt schon Lust, ihn mit Fragen zu löchern.

Nach einem sieben Kilometer langen Aufstieg erreiche ich um 14.30 Uhr das zauberhaft auf einer Bergkuppe gelegene Trappistenkloster von Zenarruza. Der Blick auf die umliegenden, von Nadelwäldern gesäumten und bis zu 1000 Meter hohen Gipfel ist geradezu magisch. Schweißgebadet genieße ich in der sengenden Mittagssonne die Aussicht und stelle ungläubig fest: Die ersten 100 Kilometer liegen schon hinter mir, Umwege nicht eingerechnet. Wer hätte gedacht, dass ich es zu Fuß mit meinem untrainierten Körper so weit schaffe. Und ich fühle mich gar nicht schlecht, auch wenn mein Nacken jetzt so richtig sonnenverbrannt ist, nachdem ich die Kilometer mit Julia ohne Hut zurückgelegt habe.

Das Kloster ist toll und verströmt dank seiner unvergleichlichen Lage ein besonderes Flair. Im Mittelpunkt der parkähnlichen Anlage erhebt sich eine große gotische Kirche aus dem 15. Jahrhundert, dahinter liegt der herrlich schattige Kreuzgang. Flankiert wird der sakrale Bereich von zwei moderner wirkenden, weiß gestrichenen Gebäuden mit den Wohnräumen. Nur von den Mönchen ist nichts zu sehen, und die Türen sind alle verschlossen.

Nach und nach versammeln sich etwa 15 Pilger auf einer

Wiese unter einer Gruppe schattenspendender Bäume und warten auf Einlass. Die Frauen holen sofort ihre Fressalien heraus und teilen Auberginen, Äpfel und Nüsse miteinander. Gleich zwei von ihnen zerren riesige Pakete Haferflocken aus dem Rucksack, und bei anderen schwimmt sogar eine Portion Joghurt in der Tupperdose. Mein Gott, was schleppen die alles mit? Mehr als eine Banane habe ich nie dabei. Und neuerdings eine Flasche Sprudelwasser. Ich kann das Chlor einfach nicht mehr riechen und schmecken. Wir Deutschen haben es schon gut mit unserem Leitungswasser. Auch der 20-jährige Finn aus Rostock geht es eher männlich-pragmatisch an. Er zaubert einen Zehnerpack Schokobrötchen hervor: quadratisch, praktisch, gut.

Das Zimmer, in dem wir untergebracht werden, ist sensationell. Selten war die Beschreibung „rustikal" treffender als heute. Fünf Hochbetten aus massivem Holz, zwei davon dreigeschossig, füllen diesen spartanischen Kellerraum. Kein Vergleich zu den wackeligen Klappergestellen aus Metall, mit denen ich bisher vorliebnehmen musste.

Der Höhepunkt ist das Abendgebet in der Kirche, die zu meiner Verwunderung Platz für 200 Leute bietet. Dafür, dass wir uns auf einem einsamen Gipfel befinden, sind das stattliche Ausmaße. Aber wenn schon siebenmal täglich beten, dann bitte standesgemäß.

Etwa 20 Pilger sitzen in den Reihen und blicken nach vorne. Vor einem riesigen goldenen Hochaltar sitzen sieben Mönche im Halbkreis auf stabilen, mit Lehnen versehenen Holzbänken. Sie tragen helle Gewänder und sind der Gemeinde zugewandt. Eine Dreiviertelstunde singen und beten sie auf Spanisch; außer „Espíritu Santo“ verstehe ich leider nur Bahnhof. Sollten diese Mönche gerade versuchen, mir die Geheimnisse Gottes einzuflüstern, strömen ihre wertvollen Einsichten unverstanden an mir vorbei.

Da ich eh nichts kapiere, bleibt mir umso mehr Zeit, um die Mönche und ihre Marotten genauestens zu studieren. Das ist schon eine ulkige Gemeinschaft, die da vorne ihre Zettelchen in den Händen hält und in verschiedenen Tonlagen trällert. Der eine ist derart klein, dass seine Füße nicht bis auf den Boden reichen. Wie ein hibbeliges Schulkind lässt er seine Beine die ganze Zeit vor und zurück schwingen. Ein anderer niest unaufhörlich und schnäuzt sich im Minutentakt die Nase. Ein klarer Fall von nicht auskurierter Männergrippe. Ein dritter kommt gleich 15 Minuten zu spät und zupft noch an seiner Kutte herum, während er lethargisch zum einzigen freien Platz schlurft. Ist das von oben genehmigt? In der Folge stupst er immer wieder seinen Sitznachbarn an und wühlt sich auf der Suche nach der richtigen Seite durch seine Zettelwirtschaft.

Die gesangliche Leistung ist insgesamt, nun ja, vielfältig. Bei „Spanien sucht die Supermönche“ würden sie es eher nicht in die zweite Runde schaffen. Alles in allem eine ganz schön kuriose Truppe, die durch ihre ständige Unruhe dem sicherlich ehrwürdigen Gesang einen Hauch von Kinderchor-Charme verleiht. Sollten die Macher der Nonnenserie „Um Himmels willen“ mal eine Männer-Variante planen, fänden sie hier reichlich Inspiration für schrullig-liebenswürdige Charaktere.

Zu zehnt sitzen wir im Anschluss in der untergehenden Sonne auf einer Terrasse. Vor dem unwiderstehlichen Bergpanorama löffeln wir einen von den Mönchen gekochten Eintopf mit Gemüse und Nudeln. Dazu gibt es Baguette, das wir uns gut einteilen sollen, denn es müsse bis zum Frühstück reichen.

Auf der Terrasse sind wir mehr oder weniger die deutsche Fraktion – darunter auch Uschi und Margot. Was klingt wie die eine Hälfte eines Senioren-Doppelkopfclubs, sind in Wahrheit zwei Lehrerinnen um die 40 aus Freiburg. Sie unterhalten uns mit witzigen Stilblüten ihrer Schüler, von denen sie ein Best-of auf ihren Handys immer dabei haben. „Und dann hat Lenin 1917 den Zweiten Weltkrieg begonnen", zitieren sie das profunde Schülerwissen.

Zusammen haben wir einen Riesenspaß. Dafür sorgt auch die taffe 30-jährige Marie aus Dortmund, eine echte Frohnatur mit einem maschinengewehrartigen Lachen, das von den Klostermauern widerhallt. Dieses Lachen ist einfach nur ansteckend und eine Pointe für sich.

Den herrlich lauen Frühlingsabend in angenehmer Gesellschaft werde ich wohl so schnell nicht vergessen. Bis zum Anbruch der Dunkelheit tauschen wir Anekdoten aus und schwelgen in Erinnerungen an die ersten 100 Kilometer. Auf dem Jakobsweg macht man schon einiges mit. Jede Etappe ist wie eine 14-tägige Kreuzfahrt. So viele unterschiedliche Eindrücke prasseln auf einen ein, wenn man 20 bis 30 Kilometer pro Tag unterwegs ist. Da kann man sich morgens schon mal allein und mürrisch fühlen und abends vor Glück bis über beide Ohren strahlen. Die Uhren ticken hier anders, und jeden Tag stoße ich an neue Grenzen. Intensiv – so lässt sich diese Reise bisher wohl am besten beschreiben.

Im Bett wird mir dann doch etwas mulmig zumute. Mit

meinem Rücken an die Matratze gepresst, liege ich in der dritten Etage und starre gegen die einen halben Meter entfernte Decke. Puh, eine ganz schön knappe Angelegenheit. Falls heute Nacht wieder jemand unvermittelt das Licht entzünden sollte, fange ich mir garantiert eine Beule ein. Doch dann umspielt ein seliges Lächeln meine Lippen. Julia hat recht: Auf dem Jakobsweg habe ich eine unbeschreibliche innere Ruhe gefunden, bin frei von Zwängen und dem Kampf mit ihnen. Hier fällt mir die Decke bestimmt nicht auf den Kopf, und möge ich noch so dicht darunter liegen.

15. Mai 2019

Larrabetzu – Das Pilgermenü des Grauens

HINTER MIR LIEGT die ruhigste Nacht meines bisherigen Caminos! Nicht eine Person hat geschnarcht, die Abwesenheit älterer Männer machte es möglich. Die schlafen alle in dem zweiten Zimmer – und natürlich in den Kammern der Mönche. Nach dem Aufstehen hat nicht mal jemand lautstark in seinen Sachen gekramt, sodass ich, als ich wach werde, überrascht bin, dass schon die Hälfte der Betten leer steht. So viel Rücksichtnahme bin ich gar nicht gewohnt. Eigentlich ist auf den morgendlichen Radau Verlass, aus diesem Grund stelle ich mir auch nie einen Wecker. Dass ich heute einer der Letzten bin, rächt sich beim Frühstück. Nur eine Scheibe Baguette landet noch auf meinem Teller. Den Rest haben die Frühaufsteher weggefuttert. Tja, wer zu spät kommt, den bestraft das Leben.

Amerikanerin Madison weiß sich zu helfen: Sie wärmt sich in der surrenden Mikrowelle einen Teller Eintopf auf, von dem noch reichlich in dem hexenkesselartigen Topf schwimmt. Ganz schön clever, aber auch ein bisschen eklig, denn der Nudel-Gemüse-Mix ist über Nacht zu einer breiigen Masse geworden. Skeptisch rümpfe ich die Nase und belasse es bei meinem Mini-Häppchen mit Marmelade. Dafür labe ich mich an dem ersten Glas Milch seit einer Woche. Das genieße ich wie andere ihre Tasse Kaffee, denn den kann ich nicht ausstehen.

Das Kloster hat auch am frühen Morgen nichts von seinem Reiz verloren. Etwas wehmütig drehe ich eine Extrarunde durch den Kreuzgang. Welch ein erbaulicher und kraftspendender Aufenthalt dank all der netten Menschen! Nur von Gott habe ich auch in Zenarruza nicht den Hauch einer Spur gefunden. Wenn ich an das Gebet der Mönche denke, kam er mir gar spanischer vor denn je.

Um 8.30 Uhr trete ich auf den Weg. Die Landschaft unterscheidet sich heute kaum von jener der vergangenen Tage. Bei warmen Temperaturen und Sonnenschein führt mich der Camino wieder durch eine hügelige Einsamkeit und an kleinen Örtchen mit schönen Häusern vorbei. Eine Besonderheit hält der Weg jedoch bereit: Auf einigen besonders steilen Passagen im Wald bringen mich Holztreppen mit Geländer sicher eine Etage tiefer. Das nenne ich Service!

Schon nach fünf Stunden und 18 Kilometern erreiche ich Gernika. Wie ich auf einem Schild lese, handelt es sich um eine Partnerstadt Pforzheims. Ich muss lachen! Spontan fällt mir der erste Witz ein, den ich je gehört habe. Oder besser gesagt: der älteste Witz, an den ich mich noch erinnern kann. Ich habe ihn als Kleinkind auf einer Kassette gehört, die in unserer Wäschekiste voller Legosteine vergraben war. Er stammt von Fips Asmussen, der mir damals natürlich noch nichts sagte. Bis heute konnte nicht geklärt werden, wie die Kassette in unser Haus gelangt war. Fakt ist: Dieser Live-Mitschnitt war mein erster Kontakt mit Humor.

Sitzen also zwei Männer im Zug, da klatscht der eine unaufhörlich in die Hände.

Fragt der andere: „Mensch noch mal, warum klatschen Sie denn die ganze Zeit?"

„Ja nun, ich bin ein bisschen vergesslich", meint der eine. „So merke ich mir, dass ich in Klatschhausen wieder aussteigen muss."

Darauf der andere: „Puh, da bin ich aber froh, dass Sie nicht nach Pforzheim müssen."

Für einen Fünfjährigen natürlich der absolute Brüller! Und so betrete ich Gernika mit einem breiten Schmunzeln, geschwängert vom Pathos der deutschen Hochkultur.

Dabei ist die Geschichte Gernikas alles andere als zum Lachen und eher mit der deutschen Abscheulichkeit verknüpft. Die Stadt hat 1937 traurige Berühmtheit erlangt, als Hitler während des Spanischen Bürgerkriegs den Putschisten unter General Franco zur Seite trat und den Ort aus der Luft bombardieren ließ. Mehrere Hundert Menschen kamen ums Leben, und rund 80 Prozent der Gebäude wurden zerstört.

Pablo Picasso hat das Grauen jenes 26. Aprils in seinem Gemälde „Guernica" als Anklage gegen den Krieg verewigt. Und ich spaziere hier einfach so durch, als wäre nichts gewesen. Eigentlich müssten mir die Spanier mit Argwohn begegnen – stattdessen wünschen mir auch hier verschiedene Stimmen einen „buen camino", das ist der gängige Pilgergruß.

Es ist noch früh, und ich fühle mich fit. Todesmutig beschließe ich, meinen Pilger-Motor am Laufen zu halten und eine weitere Tagesetappe in Angriff zu nehmen. Bis Larrabetzu sind es noch 17 Kilometer. Der Vorteil: Ich stünde vor den Toren Bilbaos und liefe morgen nicht Gefahr, im Großstadtdschungel stecken zu bleiben.

Leider muss ich mir auf halber Strecke eingestehen, dass ich mich hoffnungslos überschätzt habe. Mal wieder geht es auf 350 Meter hinauf, und es wird immer heißer. Mit meinem albernen Schlabberhut auf dem Kopf quäle ich mich in Trippelschritten voran. Um mich herum ist alles grün, aber Schatten finde ich kaum, und auch mein Wasser geht langsam zur Neige. Mist! Ich brauche endlich neues und verfluche die ungenießbare warme Cola in meinem Rucksack. Mein Mundraub von der zweiten Etappe kristallisiert sich immer mehr als Bumerang heraus. Zwar stelle ich die Flasche über Nacht stets in den Kühlschrank, aber morgens habe ich keine Lust auf sie, und nachmittags ist sie wieder zu heiß. Vielleicht ist das die gerechte Strafe. Wie ein Kreuz muss ich diesen Makel meiner Reise wahrscheinlich bis nach Santiago schleppen.

Die Strecke verlangt mir alles ab, und der Schweiß perlt unablässig von meiner Stirn. In dieser Hitze ist das Laufen doppelt so anstrengend wie bei gemäßigten Temperaturen. Ich werde zunehmend quengelig und würde meine heißen Füße am liebsten auf der Stelle von Schuhen und Socken befreien. Doch das wäre kontraproduktiv, jetzt zählt nur eins: auf keinen Fall anhalten, keine Pause, kein Staunen, einfach weitergehen, die Klappe halten und den Gedanken ans Stehenbleiben unterdrücken. Kommt man nämlich einmal zum Stillstand, fühlt es sich so an, als würden sämtliche Gelenke postwendend anfangen zu rosten. Alles erschlafft, wird müde und träge. Also auf die Zähne beißen und weiter!

Gegen 18.30 Uhr kommen am Horizont die Dächer von Larrabetzu in Sicht. Endlich! Auch wenn ich kraftlos ins Ziel taumele – gestern 26 Kilometer, heute 35, schon erstaunlich, zu welchen Höchstleistungen mein Körper nach einer Woche Dauerlauf in der Lage ist. So ambitioniert kenne ich ihn gar nicht, wenn es um sportliche Betätigung geht. Beinmuskeln von Jan Ullrich, ich komme; das Bergtrikot hätte ich längst verdient.

In der überfüllten Herberge werde ich von Marie und Finn begrüßt, die ich aus Zenarruza kenne. Marie ist die Dortmunderin mit dem unwiderstehlichen Lachen. Sie ist blond und hat ein sonnengebräuntes Gesicht. Ihr Markenzeichen: Sobald sie sitzt, vollführt sie unmenschliche Dehnübungen, bei denen sie ihre Beine hinter den Kopf klemmt. Auch als ich den Raum betrete, hat sie sich gerade zu einer Kugel zusammengerollt. „Nääääää", begrüßt sie mich mit einem breiten Grinsen und entknotet sich. „Hast du's auch geschafft."

Der junge Finn hat struwweliges schwarzes Haar und einen Bart. Sein Schokobrötchenvorrat ist seit gestern auf fünf geschrumpft. Beide sind auf dem Jakobsweg, weil sie nicht so recht wissen, was sie mit ihrem Leben anstellen sollen. „Einfach arbeiten zu gehen, für sich und eine dumme Firma, das ist so unbefriedigend", findet Marie, die in der Unternehmensberatung tätig war. „Etwas Sinnvolles tun, das anderen Menschen nützt", davon träumt sie.

Da wir alle einen Bärenhunger haben, fackeln wir nicht lange und gehen nach dem Duschen noch einmal vor die Tür. Larrabetzu ist ein charmantes Städtchen. Von einem zentralen Platz aus führen unzählige Gassen in alle Richtungen. Der ganze Ort scheint hier am Abend zusammenzukommen. Und während die Kinder in der untergehenden Sonne Fangen spielen, stoßen die Erwachsenen an den Tischen der Restaurants mit einem Glas Wein an.

Auch wir nehmen vor einem dieser Lokale einen runden Tisch in Beschlag, an dem noch eine dreckige Serviette klebt. Wie wir hier bedient werden, ist eine Story für sich.

Bei einer ruppigen Kellnerin, Mitte 40, mit schwarzen Haaren, Schürze und Knubbelnase, bestellen wir drei Pilgermenüs. Eine Minute später kommt die Frau zurück und entfaltet vor jedem von uns eine tablettgroße Tischdecke aus Papier. Dabei springt ihr die schmierige Serviette ins Auge. Aber kein Problem! Während sie mit so hektischen Handbewegungen wie möglich so tut, als würde sie die Tischdecken rechtwinklig anordnen, hebt sie meine Unterlage für eine Millisekunde an und lässt im Stile einer schlechten Hütchenspielerin das kleine Häuflein darunter verschwinden. Dann stellt sie das Gefäß mit Messern und Gabeln obendrauf und lächelt zufrieden.

Perplex tauschen wir vielsagende Blicke aus. Marie, die mir gegenübersitzt, läuft vor Selbstbeherrschung rot an. Als die Kellnerin von dannen zieht, platzt es aus ihr heraus: „Das hat die nicht ernsthaft gemacht?!"

„Ich fürchte schon", sagt Finn entgeistert. Und ich kommentiere: „So habe ich als Kind auch aufgeräumt: Alles in den Schrank und dann die Tür zu!"

Als die Frau später die drei dampfenden Hauptgänge an unseren Tisch balanciert, zieht sie der konsternierten Marie den noch halbvollen Vorspeisenteller unter der Gabel weg. Davon, dass die Dortmunderin noch kaut, lässt sie sich nicht beeindrucken. Und auf Höflichkeitsfloskeln wie „Hat es Ihnen geschmeckt?" oder „Sind Sie fertig?" verzichtet sie gänzlich.

„Wahrscheinlich werden die Teller gebraucht", mutmaße ich. Wir können gar nicht anders, als uns in Galgenhumor zu flüchten, denn auch der fade Geschmack der trockenen Kasselerscheiben kann den Mangel an Höflichkeit nicht wettmachen. Wir haben den Eindruck: Der Hinweis „Pilgermenü" scheint vor allem als Warnung für Einheimische auf den Karten zu stehen.

Nachdem wir uns beim Nachtisch für Eiscreme entschieden haben, setzt die Dame dem Ganzen die Krone auf. Als die Gastgeberin in Maries Rücken wieder um die Ecke kommt, haben Finn und ich sichtlich Mühe, uns das Lachen zu verkneifen. Ich kann mich nur noch in einen missglückten Hustenanfall retten.

Die Bedienung trifft mit drei in Silberpapier gewickelten Hörnchen ein, die wir an jeder Tankstelle hätten kaufen können. Diese knallt sie immerhin nicht lieblos auf den Tisch, sondern stellt sie mit der Spitze nach oben vor uns ab, als wollte sie diese Frechheit in Hochglanzoptik kunstfertig drapieren.

„Wenigstens durchläuft dieses Eis gewisse Qualitätskontrollen", stellt Finn trocken fest.

Und ich bemerke: „Sage ich doch: Die brauchen die Teller und geben den Nachtisch geschirrlos heraus."

Kein Witz, der uns zu dieser absurden Situation nicht einfallen will. Und so hat dieses Dinner auch sein Gutes: Noch nie habe ich so witzig zu Abend gegessen wie heute.

16. Mai 2019

Pobeña – Das wars dann wohl mit der Glückssträhne

GESCHAFFT! BIN IN BILBAO, dem Herzen des Baskenlandes, der größten Stadt meines Weges. Rund 150 Kilometer habe ich hinter mir gelassen, und das mit der Ökobilanz einer Ameise. Jetzt gerade lümmele ich etwas oberhalb des Zentrums auf einer breiten, sonnenbestrahlten Treppe. Von hier aus habe ich einen prächtigen Blick auf den Fluss Nervión, der sich durch die wuselige Stadt schlängelt.

Marie und Finn habe ich nach unserem gemeinsamen Besuch der gotischen Kathedrale vorerst allein gelassen. Nach 15 Kilometern in einem Pulk von zwischenzeitlich sieben Personen brauchte ich etwas Zeit für mich. Das war mir einfach zu viel. Es hat mir gefehlt, Pausen einzulegen, wann immer ich möchte, und ungestört den Gedanken nachzuhängen, die mir durch den Kopf gehen. Ich hatte das Gefühl, nicht offen zu sein für die Inspirationen des Weges und die unverhofften Begegnungen mit neuen, interessanten Menschen. Gleichwohl freue ich mich darauf, die beiden heute Abend in Portugalete wiederzusehen, damit ich meine Erlebnisse mit ihnen teilen kann. Ergibt das Sinn? Ich hoffe schon. Ich stecke eben noch in der Entdeckerphase und möchte nicht mit Scheuklappen über den Camino galoppieren. Zum Glück waren die beiden verständnisvoll.

Die Motivation der notorischen Gruppenpilger ist mir sowieso ein Rätsel. Manche von ihnen suchen schon vor der Reise nach einer festen Begleitung. Dabei ist das Alleinsein eine der heilsamsten Erfahrungen des Pilgerns. Viele sagen, auf dem Jakobsweg gehe es darum, zu sich selbst zu finden. Ich glaube: Es geht vor allem darum, sich selbst ertragen zu lernen. Wer am Ende des Weges dazu fähig ist, einen ganzen Tag lang mit sich selbst zurechtzukommen, ohne verrückt zu werden oder vor Langeweile zu sterben, den kann nichts mehr aus den Socken hauen. „Ich kehre in mich selbst zurück und finde eine Welt", so formuliert es Goethes Werther.

Bilbao ist beeindruckend, zumindest von oben. Die Aussicht auf die Stadt vom 350 Meter hohen Monte Avril, den wir heute Morgen erklommen haben, ist einmalig. Minutenlang lasse ich meinen Blick über das faszinierende Häusermeer schweifen, das eingekesselt wird von grünen Bergen. Allein das am Ufer des Nervións gelegene Guggenheim-Museum ist ein echter Hingucker. Überwiegend aus silberfarbenen Titanpaneelen bestehend, sieht es aus wie ein futuristischer Kreuzfahrtdampfer. Aber auch die Hochhäuser, mit denen ich mich gefühlt auf Augenhöhe befinde, lassen mich staunen. Und das ovale Fußballstadion von Athletic Bilbao erweckt den Eindruck einer Schüssel, in die ich hineinspringen könnte. Eine Großstadt im Miniaturformat, ein spannender Anblick! Fehlt nur noch eine Märklin-Eisenbahn, die fröhlich durch die Häuserreihen tuckert.

Von Nahem sagt mir die Stadt erwartungsgemäß weniger zu. Die viel befahrenen Kreisverkehre mit acht und mehr

Ausfahrten, das Gehupe und die Menschenmassen zehren schnell an meinen Nerven. Nur das Guggenheim-Museum büßt an Anziehungskraft nichts ein. Begeistert wühle ich mich an Touristen- und Schülergruppen vorbei, um den modernen Prachtbau einmal zu umrunden.

Und wer läuft mir dabei über den Weg? Der hochgewachsene Amerikaner David, der sich den Auftrag verpasst hat, die Zwölf Stämme in den Ruin zu treiben. Ha, da haben wir's doch: Wäre ich bei Marie und Finn geblieben, hätte ich den Blondschopf sicher nicht so bald wiedergesehen. Und mir wäre ein mindestens so skurriles Gespräch entgangen wie bei unserer ersten Begegnung.

Sofort fällt mein Blick auf seinen gewaltigen Pilgerstab, der selbst Gandalf aus „Herr der Ringe" vor Neid erblassen ließe. Genauso gut könnte es sich um das Modell „Moses" handeln. Es würde mich nicht wundern, wenn David mit diesem Kaventsmann den Atlantik teilen könnte. Mein Fall sind diese Stöcke nicht. Bei einem Probelauf vor meiner Reise hat mir ein solches Teil eine fiese Blase an der Hand zugefügt.

David sieht mir meine Skepsis an der Nasenspitze an und beteuert mit gespielt-entschuldigender Geste: „Für die Wahl des Modells trage ich keine Verantwortung. Du kannst es nicht wissen, aber nicht der Pilger sucht sich den Stab aus, sondern der Stab sucht sich den Pilger aus."

Aha, schon klar. Ich fange an zu grinsen und versuche, neunmalklug in Erfahrung zu bringen, ob der Kern seines Stockes denn aus Einhornhaar bestehe oder aus einer Phönixfeder. David gluckst vor Freude und verpasst mir einen Klaps auf die Schulter. Dass ich seine „Harry Potter"-Anspielung auf Anhieb verstehe – damit hätte er nicht gerechnet. In den Büchern von J. K. Rowling suchen sich die Zauberstäbe nämlich ihre Besitzer aus und nicht andersherum.

Dialoge wie dieser sind es, die sofort ein diffuses Gefühl von Vertrautheit schaffen. Es ist, als würden wir uns schon ewig kennen. Als wären wir alte Freude, die ihre Gemeinsamkeiten nur wieder wachrütteln müssten. Dabei ist David immerhin fast zwölf Jahre älter als ich.

Zusammen setzen wir die Erkundungstour fort und bestaunen die um das Museum herum platzierten Skulpturen. Wir haben einen Heidenspaß dabei, uns wie wahre Kunstkenner aufzuplustern und den Werken ihren tieferen Sinn zu entlocken.

Kitschig-schön finden wir zum Beispiel die zwölf Meter hohe, von Blumen überwucherte Hundefigur „Puppy“ von Jeff Koons. Ein quietschbunter Wonneproppen mit wahrhaft sonnigem Gemüt. Unsere Interpretation: Dieser süße Fratz, ein Inbegriff der Friedfertigkeit, soll einen Gegenentwurf darstellen zur feurigen Grimmigkeit des gemeinen spanischen Köters. Anders kann es der Künstler nicht gemeint haben, da sind wir uns sicher, denn die Hunde hier sind alle aggressiv. Keine Ahnung, was die Spanier mit ihnen anstellen, aber David und ich haben bisher ausnahmslos schlechte Erfahrungen gemacht. Sobald sie einen erblicken, drehen sie völlig durch. Sie reißen an ihren Ketten oder toben über ihr Grundstück, springen gegen den Zaun, wirbeln um die eigene Achse und bellen sich die Seele aus dem Leib. Jedes vermeintliche Schoßhündchen kann sekündlich zur wild gewordenen Bestie mutieren. Eine spanische Version von Susi und Strolch – die würde ich gerne mal sehen. Happy-

End ausgeschlossen und wegen übermäßigen Blutvergießens nur im Nachtprogramm zu sehen. Passend dazu findet sich das in Deutschland aus der Mode geratene Schild „Vorsicht, bissiger Hund" in Spanien noch vor jeder zweiten Einfahrt. Und jetzt „Puppy"! Die Aussage des Werkes ist eindeutig.

David möchte übrigens tatsächlich noch hinein ins Museum. Er gibt freimütig zu, eine Etappe übersprungen zu haben, damit er Bilbao genau wie San Sebastián besichtigen kann. Er würde dieses Mal eben etwas anders pilgern und auch den Sehenswürdigkeiten Aufmerksamkeit schenken.

Wir quasseln noch eine Weile weiter auf einer Bank und beobachten die Menschentrauben, ehe ich mich wieder auf den Weg begebe. David ist großartig. Kann mich nicht daran erinnern, wann ich jemals so schnell Vertrauen zu einer fremden Person gefasst habe. Schade, dass es immer nur kurze Episoden sind, ich würde ihn gerne näher kennenlernen. Von allen Menschen, die ich bisher getroffen habe, war der Austausch mit ihm am intensivsten. Er ist der Einzige, der von meiner Suche nach Gott und dem Sinn des Lebens weiß. Seiner Art zu pilgern kann ich mich aber unmöglich anschließen. Er war halt schon mal hier und setzt andere Prioritäten als ein Neuling. Hoffentlich sehen wir uns wieder.

Die zehn Kilometer bis Portugalete sollen die mit Abstand hässlichsten des gesamten Caminos sein. Ich habe einige Pilger sagen hören, dass sie den Abschnitt mit der U-Bahn überspringen wollen. Für mich wäre das nichts. Denn darum geht es doch auf dem Jakobsweg: sich dem Leben in seiner vollen Bandbreite zu stellen, selbst wenn das bedeutet, sich manchmal zu quälen. Ohne die hässlichen Seiten könnte ich die schönen nicht so genießen.

Die staubige Ausfallstraße wird ihrem Ruf gerecht. Es geht immerzu geradeaus im Wettlauf mit ratternden Lastwagen, die nach meinem Dafürhalten viel besser zu diesem industriellen Charme der siebziger Jahre passen als ich. Linker Hand fließt zwar der Fluss, aber das Bild wird dominiert von den riesenhaften Greifarmen der Verladekräne. Zu meiner Rechten dröhnt und sägt es aus dreckigen Werkstätten.

Dafür erweist sich Portugalete als die Mobilitätshauptstadt Europas, mit den abgefahrensten Fortbewegungsmitteln, die ich je gesehen habe. Zunächst bringt mich die älteste Schwebefähre der Welt, die Puente de Vizcaya, auf die andere Seite des Nervións. Dort zweifele ich dann für einen kurzen Moment an meiner Zurechnungsfähigkeit. Das muss die Wirkung der Abgase sein, da bin ich mir sicher. Hundert Meter vor mir scheinen plötzlich aus der Menge heraus Anzugträger und Mütter mit Kinderwagen eine steile Geschäftsstraße emporzuschweben. Die Stadt hat allen Ernstes einen Teil ihrer Bürgersteige durch Förderbänder mit Handläufen ersetzt. Wie auf Rolltreppen fahren die Menschen in Reih und Glied den Berg hinauf. Zwischen den einzelnen Bändern gibt es kurze Abschnitte aus Asphalt, damit die Menschen auf- und abspringen können.

Natürlich lasse auch ich mich die Straße hinaufkutschieren und winke dabei begeistert den Passanten zu, die sich altmodisch auf dem Gehweg quälen oder aus den Läden strömen. Ich fühle mich wie die Queen bei einer Parade – so geht Pilgern heute. Demnächst hoffentlich auch in den Bergen.

Schneller als mir lieb ist, verflüchtigt sich die gute Laune wieder. Vor der einzigen Herberge des Ortes, die in einem mehrgeschossigen Reihenhaus untergebracht ist, hängt ein unmissverständliches Schild: „Completo." – „Voll". Nichts geht mehr. Fassungslos stehe ich vor der erdrückenden Häuserfront und weiß nicht weiter. Was soll ich nur tun? Es ist schon 19.50 Uhr.

Gehetzt wälze ich in meinem Führer nach Alternativen. Es dämmert schon, und viel Zeit bleibt mir nicht mehr. Die nächste Herberge liegt im elf Kilometer entfernten Pobeña. Sie schließt in gut zwei Stunden, das wäre eine knappe Geschichte. Sollte ich es so weit schaffen, wäre ich heute sage und schreibe 38 Kilometer gelaufen. Ich hab sie doch nicht mehr alle!

Bestimmt könnte ich auch in Portugalete ein teures Zimmer finden oder mich in die nächste Bahn setzen. Aber will ich das? Ich bin leicht überfordert, und da ich nicht mehr in der Lage bin, eine wohlüberlegte Entscheidung zu treffen, tue ich einfach das, was ich am besten kann: Ich setze einen Fuß vor den anderen und laufe, laufe, laufe. Ist es falscher Stolz, der mich weitergehen lässt? Ich glaube nicht. Mein Jakobsweg lief bisher derart glatt, da kann ich doch nicht bei der kleinsten Widrigkeit die Flucht in den nächstbesten sicheren Hafen antreten. Und sollte ich erst um 22.15 Uhr ankommen, werde ich schon ein Fenster finden, an das ich klopfen kann. Nur Marie und Finn werde ich jetzt wohl verpassen.

Wie in Trance folge ich den gelben Pfeilen aus der Stadt heraus und steuere Pobeña an. Meine Beine sind schlapp, und von Förderbändern ist nichts mehr zu sehen. Trotzdem lasse ich Portugalete in einem Affenzahn hinter mir. Streckenweise laufe ich schneller als mein Schatten, während sich der Himmel zunehmend verdunkelt und ein bedrohliches Dunkelgrau annimmt. Ein Regenschauer hätte mir gerade noch gefehlt. Auch der Wind bläst immer heftiger, er biegt die Baumkronen und bringt die Blätter zum Rascheln. In einem Gebüsch sehe ich grün leuchtende Augen aufblitzen. Eine unheimliche Atmosphäre.

Nach der Hälfte des Weges kann ich nicht mehr. Ich bin erschöpft, und meine Beine schreien: „Aufhören!" Immerhin bleibt die Strecke flach. Im Laternenlicht hetze ich durch Siedlungen, an Schrebergärten und an einem Sportplatz mit überdachter Tribüne vorbei. Da sehe ich mich schon liegen, wenn alle Stricke reißen.

Um 21.45 Uhr erreiche ich im Dunkeln das Örtchen La Arena, jetzt ist es nicht mehr weit. Nanu? Irritiert blicke ich mich um. Was ist denn das für ein Rauschen? Ein seltsam vertrauter, fast vergessener Geruch steigt in meine Nase. Im Schritttempo überquere ich eine leicht gewölbte Straße und staune Bauklötze: Vor meinen Augen landen Wellen an einem riesigen, im schwachen Mondschein liegenden Strand. Mit bebender Brust und nach Luft schnappend verziehe ich meine Lippen zu einem Lächeln. Ich habe den Ozean zurück! Zum ersten Mal seit drei Tagen sehe ich wieder das Meer.

Dann haste ich die letzten Meter nach Pobeña. Meine Herberge ist zum Glück noch geöffnet. Ein älterer Herr weist mir in einem 20-Mann-Saal, in dem mir niemand bekannt vorkommt, ein Bett zu. Einen kritischen Blick wirft er auf meine Schuhe, die nach einem unüberlegten Abstecher ans Meer in eine feine Sandschicht gehüllt sind. Darüber hinaus hat er nur noch eine Botschaft für mich, die er mit erhobenem Zeigefinger und strenger Stimme mehrmals wiederholt: „Tomorrow morning, 8 o'clock, bye, bye."

Ich bin erleichtert, aber auch fertig. Zum ersten Mal fühle ich mich körperlich wie ein Wrack. Unter der Dusche fangen meine Beine an zu wackeln, und im Bett kann ich sie kaum anwinkeln, ohne dass die Waden krampfen. Zudem spannt die Haut meiner Füße, gefühlt tut alles weh. 73 Kilometer in zwei Tagen, das war einfach zu viel. Morgen werde ich eine Pause einlegen. Ein Strandtag wäre schön. Leider soll es regnen.

Trotz meiner Erschöpfung finde ich nur schwer in den Schlaf. Wir sind in einer alten Dorfschule untergebracht, und es ist laut. Sie liegt direkt an der Straße, irgendeine Lüftung stöhnt, und die Etagenbetten aus billigem Metall knirschen bei jeder Bewegung. Außerdem stößt ständig jemand gegen die scheppernden Plissees im Rücken der Betten.

Das war heute wirklich ein nervenaufreibendes Ende meiner ersten Woche auf dem Camino. Dennoch kann ich mich bisher nicht beklagen. Die Herbergen sind häufig alt, aber sauber. Die Menschen sind herzlich und nett, sowohl die Spanier, die mich vor Umwegen bewahren, als auch die Pilger. Trotz der kulturellen Vielfalt sind wir eine recht homogene Gruppe. Oder anders gesagt: Hip-Hop-Hörer sucht man hier vergebens. Ansonsten habe ich das Gefühl, eher dem Teufel auf der Spur zu sein als Gott. Dafür habe ich schon gelernt, dass ich keine Angst vor dem Tod zu haben brauche und mit mir selbst ganz gut zurechtkomme. Aber da geht sicher noch mehr.

Wenn ich nicht gerade falsch abbiege oder es mir an Flüssigkeit mangelt, macht auch das Wandern Spaß. Es ist wunderbar, die Welt zu Fuß zu erkunden, und ich werde es nicht müde, meine Tage mit Laufen und Entdecken zu verbringen. So viele unterschiedliche Eindrücke, von der Natur, meinen Mitmenschen und mir selbst.

Auch in Sachen Hygiene fühle ich mich sicher. Die Duschen betrete ich nur mit Badelatschen. Und in den Betten gehört es zur hohen Kunst, sich so in seinen Schlafsack einzumummeln, dass die gesamte Nacht über kein Kontakt zwischen der eigenen Haut und irgendeinem Fremdmaterial besteht. Leider sind die Liegen häufig zu kurz. Wenn sich jemand wie ich, der mehr als 1,90 Meter misst, flach wie eine Flunder auf die Matratze werfen will, ragen die Knöchel oft über den Rand des Bettes hinaus. Und wenn man dann so wie heute nicht mal schmerzfrei die Beine anwinkeln kann – dann gute Nacht!

17. Mai 2019

Castro Urdiales – Die kalte Dusche

DAS WAR ECHT EIN fürchterlicher, schlimmer, ganz unausstehlicher Tag! Am liebsten würde ich meine Sachen packen und nach Hause fahren. Ich und der Jakobsweg, das musste ja in die Hose gehen. Im wahrsten Sinne des Wortes!

Heute Morgen hatte ich noch die Ruhe weg. Als das Plastiktütengeraschel und die Reißverschlussgeräusche losgehen, ficht mich das nicht an. Genüsslich wälze ich mich in meinem Bett auf die andere Seite. Sollen sie nur gehen und um die Wette rennen, ich bin heute keine Konkurrenz. Mein Etappenziel Ontón liegt exakt 5,9 Kilometer entfernt, die werde ich schon irgendwie schaffen. Dort gibt es eine schnuckelige Herberge, in der ich nichts weiter vollbringen möchte, als meine Pilgerkollektion in eine Wanne voll Wasser zu schmeißen und mal so richtig schön durchzukneten. Frische Unterhosen habe ich nämlich keine mehr. Zum Waschen war es in den vergangenen Tagen entweder zu spät, oder die Ausstattung der Herbergen war nicht geeignet. Ohne Wäscheschleuder rühre ich keinen Finger mehr.

Da ich sämtliche Morgentätigkeiten von Zähneputzen bis Taschepacken – zum Frühstück gibt es mal wieder nichts –

in Zeitlupe ausführe, bin ich der Letzte, der bereit zum Aufbruch ist. Beim Blick nach draußen wird mir übel. Heftiger Regen prasselt auf den asphaltierten Platz vor der Herberge, es ist grau, verhangen, kalt und stürmisch. Bei diesem Wetter habe ich keine Lust, auch nur einen Schritt vor die Tür zu setzen. Am liebsten würde ich mich krankmelden und zurück in meinen kuscheligen Schlafsack kriechen. Doch der etwas garstige Hospitalero hat offensichtlich etwas dagegen, dass ich heute blaumache. Genervt hämmert er bereits auf seine Armbanduhr und erinnert mich lautstark an die einprägsamen Worte von gestern: „8 o'clock, bye, bye." Ja doch, es ist doch gerade mal 8.06 Uhr.

Zum ersten Mal muss ich mir meinen schwarzen Regenponcho überwerfen. Das Problem: Das knittrige Teil reicht mir gerade mal bis zu den Oberschenkeln und verdeckt so eben den Rucksack. Ich fühle mich richtig affig in dem kurzen Ding und sehe aus wie der Glöckner von Notre Dame. Andere sind bis zu den Füßen verhüllt, und die Ponchos fallen an ihnen herunter wie aufgeplusterte Barockkleider.

Wie eine lästige Katze scheucht mich der Senior schließlich mit zischenden Lauten hinaus in den Regen. Ich gehe ja schon. Weit komme ich aber nicht. Schon nach 100 Metern, in denen mir ein halber Ozean ins Gesicht plätschert, flüchte ich jämmerlich in eine öffentliche Toilette. Was bin ich nur für ein Waschlappen! Es war doch klar, dass es früher oder später einmal regnen würde.

Dieser runde Metallbunker mit Schiebetür eignet sich hervorragend dazu, um etwas Zeit zu schinden und eine Banane zu verputzen. Da mir aber keiner der insgesamt drei Wetterberichte, die ich konsultiere, schnelle Besserung verspricht, wage ich mich bald mit tief ins Gesicht gezogener Kapuze wieder nach draußen. Hilft ja nichts.

Jenseits des menschenleeren Platzes führen mich endlose Treppenstufen auf einen geteerten Weg, der parallel zur Küste verläuft. Mensch, das könnte richtig nett hier aussehen, wenn das Wetter nicht so miserabel wäre. Zu meiner Rechten habe ich einen schönen Blick auf das Meer und die moosbewachsene Steilküste, wobei die Klippen schon nach wenigen Metern in einem neblig-diesigen Dunst verschwinden. Linker Hand wechseln sich grüne Hügel mit steilen Felswänden ab.

Das Laufen ist der blanke Horror. Der Himmel ist durch und durch düster, und es schüttet wie aus Eimern. Teilweise kämpfe ich mich wie in Zeitlupe voran, da der Wind die Regenmassen erbarmungslos gegen meinen Körper peitscht. Es fühlt sich so an, als müsste ich eine unsichtbare Wand nach hinten schieben.

Mit einem Mal sehe ich schwarz. Flatsch! Die Zipfel meines Ponchos flutschen mir aus den Fingern, und das flatternde Teil klatscht mir feucht und fröhlich ins Gesicht. Die volle Breitseite Nässe! Wie eine überdimensionierte Halskrause wirbelt mir das Teil um die Ohren, und ich kriege es kaum wieder zu fassen. Gott, ist das ätzend!

Auch untenherum läuft es eher schlecht oder besser gesagt: sogar ziemlich gut. Meine dünne Hose klebt nach kurzer Zeit durchtränkt an meinen Beinen. Von dort aus kriecht die Nässe langsam bis unter den Poncho, wo sie schließlich meine Baumwollunterhose erreicht, die jedes bisschen Feuchtigkeit begierig aufsaugt. Um 9.15 Uhr ist es außerdem so weit: Meine Schuhe melden offiziell Land unter. Von nun an hat das Wasser freies Geleit, und der Pegel steigt minütlich. Im Nu sind auch meine Socken nass, und meine Schritte werden immer schwerer, denn die vollgesogenen Schuhe hängen wie Bleiklumpen an meinen Beinen. Ich stapfe durch diesen verregneten Küstentraum so ungelenk wie Godzilla.

Die Bilanz ist ein Albtraum: Bis auf T-Shirt, Fleecejacke, Rucksack und meine Haare trieft an mir alles vor Nässe. Wahrscheinlich werde ich mich auch noch erkälten. Meine Stimmung sinkt auf den absoluten Nullpunkt. Ich könnte heulen. Mir erscheint das hier auf einmal alles so fragwürdig. Bisher war der Jakobsweg für mich ein bisschen so wie Wandertag sechste Klasse. 18, 19 Grad, die Sonne scheint, und alles ist tippitoppi. Und genau für diese Wetterlage bin ich auch gerüstet. Meine Schuhe zum Beispiel. Dass die wasserdurchlässig sind wie ein Salatsieb, das hatte ich nicht bedacht. Ein Fahrradponcho, der mir knapp bis über die Hüfte reicht – warum nicht? Es wird schon nicht regnen, ich bin ja nur einen vollen Monat unterwegs ... Und ich kaufe mir doch keinen neuen. Was soll ich denn hinterher damit?

Ich ärgere mich maßlos über meine Naivität, meinen Geiz und meine Dummheit. Ich habe eine 830 Kilometer lange Wanderung auf die leichte Schulter genommen. Nicht nur mein Poncho, auch meine amateurhafte Planung fliegt mir heute um die Ohren.

In Ontón, das bereits zu Kantabrien gehört, dann die nächste schlechte Nachricht: Die von mir auserkorene Unterkunft öffnet erst um 14.00 Uhr. Dass ich hier dreieinhalb Stunden im Regen ausharre, ist ausgeschlossen. Es gibt nicht mal eine Veranda – geschweige denn, dass das Dorf so etwas zu bieten hätte wie ein Café. War wohl nichts mit einem Ruhetag, mein schöner Plan ist dahin. Notgedrungen laufe ich weiter – trotz meiner müden Knochen und der Nässe. Schlimmer kann es sowieso nicht mehr werden.

Auf den nächsten neun Kilometern folge ich überwiegend dem Straßenverlauf. In den breiten Auslaufzonen rauschen reißende Sturzbäche die Berge hinab. Keine Sekunde macht der Regen Pause. Ich werde bitter und kann es nicht ändern. Was für ein radikaler Stimmungsumschwung. Komme mir richtig bescheuert vor. Gestern ziehe ich noch ein Friede-Freude-Eierkuchen-Fazit meiner ersten Woche, und heute ist auf einmal alles doof. Bisher wurden aber auch meine Schwächen nicht derart brutal an die Oberfläche gespült, und diese schon etwa fünf Stunden andauernde Konfrontation ist hart!

Keinen einzigen Pilger treffe ich. Mit David, Julia oder Marie und Finn würde ich das Mistwetter sicher würdevoller ertragen. Geteiltes Leid ist halbes Leid! Aber von denen ist keiner da. Ich finde, jeder Pilger sollte einen Sender mit sich herumtragen, dann könnte man jederzeit auf einer von kleinen Punkten wimmelnden Karte sehen, wo sich die anderen gerade herumtreiben.

Die große gotische Kirche der Hafenstadt Castro Urdiales im Blick, biege ich auf einen matschigen Trampelpfad ab, der über eine Wiese führt. Miesepetrig watschele ich dem Ziel entgegen und werde jetzt auch noch schmutzig. Meine Schuhe und meine Hose scheinen den Dreck magisch anzuziehen. An einer besonders glitschigen Stelle geschieht das Unausweichliche: Ich rutsche weg und lande rücklings mit meinem rechten Bein in der Höhe im Gras. Es geht also doch noch schlimmer! Dank meines Rucksacks falle ich wenigstens weich, zappele aber wie ein Maikäfer auf dem Rücken. La naiba! Zum Glück habe ich in der schrecklichen Herberge auf dem Hügel Flüche in acht verschiedenen Sprachen gelernt. Die brülle ich jetzt alle heraus! Ist mir egal, ob mich jemand hört. Ich bin rundum eingesaut, und Dreckspritzer auf meiner Brille versperren mir die Sicht. Auf den restlichen Metern spült der Regen eine eklige braune Soße von meinem Poncho. Ich sehe aus wie der Verlierer eines Schlammcatchen-Wettkampfs – und so fühle ich mich auch.

In Castro Urdiales ist dann auch noch die Herberge belegt. Mist! Wer konnte, hat sich, so schnell es ging, ins Trockene gerettet. Und dieses Mal habe ich die Schnauze voll: Ohne groß zu überlegen, nehme ich mir ein Zimmer in der nächstbesten Pension. Vielleicht ist es ja ganz gut so. In meinem Zustand fühle ich mich sowieso nicht dazu imstande, mich unter die Leute zu mischen. Normalerweise würde ich ein paar Witze auf meine Kosten reißen – heute wäre mir das nicht möglich. Mein Selbstbewusstsein ist im Keller, und der steht auch noch unter Wasser.

Immerhin falle ich nun in ein Bett, in das ich ausnahmsweise mitsamt meinen Füßen hineinpasse. Endlich kann ich mich auch mal in eine richtige Decke wickeln und meinen Schlafsack zusammengerollt lassen.

Nach der wohltuenden Dusche und einer überfälligen Rasur betrachte ich mich im Spiegel: Ich bin ganz schön braun geworden, zumindest im Gesicht und an den Armen. Zu dieser T-Shirt-Bräune hat sich die Pilger-Röte gesellt, ein hartnäckiger Sonnenbrand hinten links im Nacken. Wer immerzu westwärts zieht, dem brennt die Sonne eben stets auf dieselbe Stelle.

Eine Wäscheschleuder habe ich natürlich nicht auf dem Zimmer, aber dafür eine Heizung. Und so verwandle ich mein Super-Luxus-Badezimmer in eine Waschküche und wringe begeistert braune Plörre aus meinen Hosenbeinen.

Am Abend traue ich mich noch mal vor die Tür und suche eine Dönerbude auf. Ein klassisches „deutsches" Gericht, das heimatliche Gefühle in mir weckt, ist jetzt genau das richtige für mich. Danach kaufe ich mir in einer Frutteria trotzig Kekse und kein bisschen Obst. So viel Frustbewältigung muss sein. Und so hocke ich jetzt schon etwas munterer auf meinem Bett und krümele die Decke voll. Für 34 Euro lasse ich mal so richtig die Sau raus.

Im Fernsehen läuft nur Schrott, und sonst habe ich zur Unterhaltung nichts dabei. Trübsal blasend liege ich auf meinem Bett und drifte in meiner melancholischen Stimmung langsam ab. Wozu tue ich mir das eigentlich an? Genau: um Antworten zu finden. Und bevor ich mich in den nächsten Tagen doch noch Hals über Kopf vom Acker mache, sollte ich mir die alles entscheidende Frage einmal stellen. Also: Was ist der Sinn des Lebens? Und gibt es überhaupt einen? Denn jetzt gerade kommt mir alles sinnlos vor. Und nur wenn diese Fragen in meinem Unterbewusstsein wabern, darf ich wahrscheinlich auch auf eine Eingebung hoffen.

Eines lässt sich schon mal festhalten: Sollte es ein Leben nach dem Tod geben, in dem wir uns an das irdische Leben erinnern können, hätte dieses irdische Leben bedingungslos einen Sinn. Dann blieben unsere angehäuften Erinnerungen über den Tod hinaus relevant, und jeder hätte ein natürliches Interesse daran, eine von positiven Erfahrungen erfüllte Zeit auf Erden zu verbringen.

Eine Frage bliebe allerdings unbeantwortet: Zu welchem Zweck könnte Gott – denn nach allem, was wir erahnen können, ist die Existenz Gottes Voraussetzung für ein Leben nach dem Tod – den Menschen erschaffen haben?

Finsterer sieht es aus, wenn wir unterstellen, dass es keinen Gott gibt und kein Leben nach dem Tod. Dann wäre unsere Entstehung ein Produkt des Zufalls. Wenn sich beim Menschen aber niemand etwas gedacht hat – wie könnte das Leben dann einen Sinn haben? Wir müssten ihm schon selbst einen geben. Nur: Welches Leben könnte schon sinnvoll sein, an das ich mich nach dem Tod nicht mehr erinnern kann? Wozu dann alles, wenn das Gedächtnis am Ende erlischt? Was auch immer der Einzelne oder die Menschheit vollbrächte, der Sensenmann hätte immer das letzte Wort.

Selbst unser emeritierter Papst Benedikt XVI. hat kürzlich geschrieben: „Eine Welt ohne Gott kann nur eine Welt ohne Sinn sein. Denn woher kommt dann alles, was ist? Jedenfalls hat es keinen geistigen Grund. Es ist irgendwie einfach da und hat dann weder irgendein Ziel noch irgendeinen Sinn." Seine Schlussfolgerung lautet: „Nur wenn die Dinge einen geistigen Grund haben, gewollt und gedacht sind – nur wenn es einen Schöpfergott gibt, der gut ist und das Gute will – kann auch das Leben des Menschen Sinn haben."[1] Ich fürchte, der Mann hat recht.

Meine zentralen Fragen lauten also: Hat das Universum, hat die Entstehung des Menschen einen geistigen Grund? Gibt es einen Schöpfer, der sich bewusst dafür entschieden hat, die Welt und uns zu erschaffen? Und wenn ja: Was hat er sich dabei gedacht? Und wenn nein: Können wir einem Leben ohne Gott selbst einen Sinn abtrotzen, obwohl jede Form von Bewusstsein endlich wäre?

Puh, mir qualmt der Schädel. In meinem Kopf geht es manchmal zu wie in einer Geisterbahn: Sobald ich allzu sehr um die Ecke denke, erschrecke ich mich vor meinen eigenen Gedanken. Trotzdem ist mir zu alledem schon mehr eingefallen, als ich gedacht hätte, auch wenn vor allem ungelöste Probleme bleiben. Am unkompliziertesten ließe sich das alles klären, wenn ich, wie von einigen Mitpilgern in Aussicht gestellt, den Weg zu Gott tatsächlich finden würde …

18. Mai 2019

Laredo – Der schon wieder?!

WIEDER HAT ES den ganzen Tag geregnet, und wieder war ich nass bis auf die Haut. 30 Kilometer bin ich durch Schlamm und Pfützen gestiefelt, dann ist es wenigstens schneller vorbei. Das Highlight war die waldige Passage auf einem 250 Meter hohen Berg. Dort trete ich bei Nieselregen auf eine unscheinbare ockerfarbene Stelle und versinke zentimetertief im Boden. Herzlichen Glückwunsch! Als ich meine Schuhe wieder aus der zähflüssigen Pampe ziehe, sind sie bis zu den Schnürsenkeln in einen cremig-karamellfarbenen Überzug gehüllt. Wie lecker. Unter wüsten Verwünschungen streife ich das Gröbste an Blättern, Gestrüpp und Wiese wieder ab, doch richtig sauber werden die Schuhe nicht mehr.

Ein Wunder, dass mich die Nonnen in Laredo überhaupt in ihr Kloster gelassen haben, so verdreckt wie ich war. Mürrisch hocke ich hier jetzt auf meinem Bett und denke voller Sehnsucht an zu Hause. Die Leichtigkeit der ersten Tage ist komplett verflogen.

Hab gar keine Lust, noch viele Worte über die heutige Etappe zu verlieren. Weiter als bis zum nächsten Baum konnte ich sowieso nicht gucken. Allerdings gab es da noch diese unverhoffte Begegnung.

Auf Höhe des Örtchens Liendo, einer losen Ansammlung von zwischen grünen Feldern gelegenen Häusern, schließe ich zu einem anderen unerschrockenen Pilger auf. Er ist von oben bis unten in einen knallroten Poncho gekleidet und flotten Schrittes unterwegs. Als sich die Blicke unserer kapuzenverhüllten Gesichter treffen, starren wir einander gefühlt für zwanzig Sekunden ungläubig an, ehe wir gleichzeitig das Schweigen brechen und etwas Unverständliches zur Begrüßung murmeln. Augenscheinlich könnten wir beide gerade gut auf dieses Treffen verzichten. Bei der wandelnden Tomate handelt es sich um keinen Geringeren als Teufelsanbeter Richard. Der hat mir gerade noch gefehlt.

Wie schon beim ersten Mal entwickelt sich ein launiges Geplänkel auf dem schmalen Grat zwischen netter Plauderei und unterschwelligem Gestichel. Statt mich aufzubauen, macht er mich nur noch weiter fertig. Vermutlich schiebt er ebenfalls Frust.

Natürlich nimmt er direkt meine durchtränkten und verdreckten Schuhe ins Visier, an deren Zungen es unappetitlich herausblubbert. „Die sollen wohl ein Witz sein", reibt er mir unter die Nase, was ich eh schon weiß. „Da kannst du ja gleich in Badelatschen laufen."

Ja, ja, geschenkt, das stecke ich weg. Richard ist in dieser Hinsicht unantastbar. Er ist ein Premium-Pilger par excellence, ein echtes Markenschwein. Schon in Zumaia war mir aufgefallen, dass mir von seiner Kleidung die Embleme nur so ins Auge springen. Sie schreien geradezu: Hier hast du es mit einem echten Profi zu tun! Für seine Schuhe gilt das gleiche, nur vom Feinsten. Ich wette, der spürt keinen Tropfen am Fuß.

Ich dagegen bin ein Low-Budget-Pilger. Hose und T-Shirts aus dem Sonderangebot, Unterwäsche und Schuhe aus dem eigenen Bestand, den Rucksack vom Bruder geliehen und den Poncho von meiner 30 Zentimeter kleineren Frau. Und genau dieser Geiz wird mir jetzt zum Verhängnis. Oder wie es Richard zum Ausdruck bringt: „Es gibt kein falsches Wetter, sondern nur falsche Kleidung." Der Wahnsinn, mit solchen Weisheiten wird er den Teufel sicher schwer beeindrucken.

Nach einer Reihe weiterer Belehrungen von oben herab hole ich zum Gegenschlag aus. „Und: Wie siehts bei dir aus? Dem Gehörnten schon begegnet? Farblich passend gekleidet bist du ja für die Hölle schon."

„Sehr witzig", entgegnet Richard lakonisch und wird ein bisschen nachdenklich. „Du bist also auch so einer." Bedrückt erklärt er mir, dass er mit seinem Vorhaben, den Teufel zu finden, nicht gerade offene Türen einrenne. Die meisten, denen er davon erzähle, würden die Nase rümpfen. „Die Menschen halten mich für einen Spinner", klagt er, „und machen sich über mich lustig. Denken die denn, ich würde das nicht merken?"

Oje, der Arme scheint genauso in der Krise zu stecken wie ich. Auf einmal tut er mir sogar leid, denn ich fühle mich ertappt. Schließlich habe ich auch schon gefrotzelt, wenngleich das weniger an der Teufelssuche an sich lag als an seinem allzu selbstbewussten Auftreten. Zumindest glaube ich das. Ihn damit zu konfrontieren, spare ich mir aber. Stattdessen gebe ich die Feindseligkeit auf und räume wahrheitsgemäß ein, dass ich ihn im Grunde für die Offenheit bewundere, mit der er sich zum Ziel seiner Reise bekennt. Mir ist das bislang nicht so leicht möglich, da man schnell als wunderlich gilt, wenn man mit Gott und dem Sinn des Lebens beginnt. Wie muss es ihm dann erst ergehen?

Richard wirkt ein bisschen gerührt und ist auf einmal ganz handzahm. So ist er mir am liebsten. Um auf meine Frage zurückzukommen: Nein, er habe den Teufel noch nicht gesehen. Und Gott im Übrigen auch nicht. „Bisher ist alles sonderbar irdisch“, bringt er auch meine Eindrücke auf den Punkt.

Die folgenden Meter legen wir schweigend zurück. Fast scheint sich im unergründlichen Dunst der spanischen Prärie eine Art stille Verbrüderung zwischen uns zu vollziehen. Eines dieser Erlebnisse, von denen man am nächsten Tag bei klarer Sicht nichts mehr weiß.

Später zeigt Richard wieder sein anderes Gesicht. So erzählt er mir, als wir einen steilen Hohlweg nach oben kraxeln, dass Nordspanien insgesamt gesehen doch ein Klacks sei. Er sei da anderes gewohnt, zum Beispiel aus den Alpen, aber auch vom höchsten Berg Afrikas, dem Kibo in Tansania. Dort sei er in 5500 Meter Höhe herumgeklettert und hätte kaum noch Luft bekommen. Auf dem Jakobsweg dagegen müsse er sich stets die schwierigsten Varianten suchen, um richtig in Fahrt zu kommen.

Von mir sei er übrigens positiv überrascht, ich hätte durchaus Talent, bescheinigt er mir, als sei er der oberste Camino-Richter. Es käme nicht häufig vor, dass andere mit ihm Schritt halten könnten.

Ich fasse es nicht, das ist doch kein Wettkampf hier. Zum Glück kann er nicht sehen, wie ich unter meiner Kapuze die Augen verdrehe. Mann, Mann, Mann, nach wie vor weiß ich nicht, was ich von diesem Menschen halten soll. Er hat so seine Momente, aber als Freund kommt er nicht infrage für mich. Vermutlich hat jeder seine eigene Art, sich in schwierigen Phasen wieder aufzurichten. Der Regen zehrt an unser aller Nerven.

Um 18.00 Uhr betrete ich Laredo, ein 11.000-Einwohner-Örtchen, das genau in der Mitte zwischen Bilbao und Santander liegt, ein schmuckes Städtchen am Meer mit halbmondförmigem Sandstrand, das bei Sonnenschein sicher tolle Postkartenmotive hergibt. Bei Regen wirkt es eher trostlos. Auch die dicken Palmen auf der Promenade wecken Erwartungen, die der Ort am heutigen Tag nicht erfüllen kann. Richard befindet sich nicht mehr an meiner Seite. Er schläft wie üblich in einer Pension.

Nach einem kurzen Streifzug durch die genauso eindrucksvolle wie leergefegte Altstadt stehe ich tropfend vor dem mitten im Zentrum gelegenen Kloster. Nach einer Weile werde ich von einer älteren Nonne freundlich in Empfang genommen. Sie trägt ein schneeweißes Gewand mit einem rotblauen Kreuz auf der Brust. Kritisch mustert sie mich von oben bis unten. „Sie sehen aber schrecklich aus", lautet ihr erbarmungsloses Urteil. Mensch, diese Spanier können brutal ehrlich sein. Der Bahnhofswachmann in Irun, der mir nachts die Tür aufgeschlossen hat, war ja auch so einer.

Gerade als die Nonne und ich aufbrechen wollen, um mein Zimmer in Augenschein zu nehmen, dringen sonderbare Laute an unsere Ohren. „Hajaja, hajaja." Ich glaub, ich hör nicht recht, die Stimme kenne ich doch! Verdattert fahre ich herum und starre auf die Treppe. Aus dem ersten Stock heruntergetrippelt kommt der 80-jährige Japaner Hiroto. Mit einem Handtuch unterm Arm ist er offenbar auf dem

Weg zur Dusche. Der erste Pilger, dem ich auf dem Camino begegnet bin, hier in Laredo, mehr als 200 Kilometer nach dem Startschuss. Dass ich den noch mal einholen würde, hätte ich nicht gedacht. Ich freue mich riesig, ihn wiederzusehen, und begrüße ihn herzlich.

Um 19.00 Uhr besuche ich dann die Pilgermesse in der angrenzenden Kirche, ein bisschen göttlichen Beistand kann ich gut gebrauchen. Zu meiner Überraschung erwarten mich hier nicht nur meine Gastgeberinnen, sondern prall gefüllte Bänke. Die halbe Stadt scheint sich eingefunden zu haben, um die normale Samstagabendmesse zu feiern. Und am Altar steht statt einer Gruppe betender Nonnen ein predigender Priester. Verstehen tue ich wieder nichts. Nur nach den Worten „Padre nuestro, que estás en el cielo, santificado sea tu Nombre" kann ich leise auf Deutsch mitmurmeln. Vom Ablauf her scheint sich die Messe nicht von den Gottesdiensten in Deutschland – und wahrscheinlich überall auf der Welt – zu unterscheiden.

Eine Besonderheit gibt es aber: Die Gemeinde singt nicht mit. Ich sehe weder Gotteslobe noch einen Flachbildschirm mit Text, wie er in einer Kirche in Orio über dem Kopf des Pfarrers hing. Für die musikalische Begleitung sorgen allein die Nonnen, die sich seitlich vom Altar postiert haben und auf eine erfrischend-poppige Art musizieren: mit Gitarre, Cajón, einer Art Sitztrommel, und ihrem wunderbaren Gesang. Das hier ist vielmehr ein Konzert als eine Mitmach-Messe, nur dass die unverständlichen Reden des „Moderators" zwischendurch ein bisschen zu lang geraten.

Gefühlvolle Melodien schweben über die still und andächtig lauschenden Reihen, niemand rührt oder räuspert sich.

Alle scheinen ergriffen zu sein, ich bin es auf jeden Fall. Die Nonnen berühren mich mit ihren lieblichen und hohen Stimmen, die ruhigeren Stücke sind ein wahres Gedicht. Ich bin richtig traurig, als die Messe vorüber ist – das habe ich auch noch nie erlebt. Und so viel Wahrheit muss sein: Gesanglich sind die Nonnen ihren männlichen Kollegen weit voraus.

Hinterher werden die Pilger nach vorne an den Altar gerufen, wo der Pfarrer uns nacheinander den Segen erteilt. Jetzt müsste es mit mir und meiner Pilgerreise doch wieder bergauf gehen.

Zurück in meinem Zimmer, schlummert Hiroto längst in seinem Bett. Das wird wohl heute nichts mehr mit einem längeren Gespräch. Dabei ist es gerade mal 20.30 Uhr. Auch ich kuschele mich in meinen Schlafsack. Das waren heute wieder 30 Kilometer, trotz des schlechten Wetters. Erst laufe ich immer um die 20, und auf einmal reiße ich wie selbstverständlich 30 bis 40 ab. Wohin soll das noch führen? Allerdings ist das Terrain seit Bilbao auch bedeutend flacher geworden. Trotzdem staune ich, wozu mein Körper in der Lage ist. Ein Hoch auf meine langen Beine. Nur meine Füße schmerzen schlimmer denn je und sind nach zwei Tagen Feuchtigkeit arg verschrumpelt. Ich hoffe, die erholen sich wieder.

Morgen werde ich auch nicht kürzertreten können. Gefühlt strömt die ganze Welt nach Güemes, zur sogenannten Kultherberge von Pater Ernesto. Angeblich *die* Adresse auf dem Camino del Norte. Wer sich die entgehen lasse, sei selber schuld. Ich bin gespannt, was an dem Mythos dran ist.

19. Mai 2019

Güemes – Alles eine Frage der Einstellung

NACH EINER ERHOLSAMEN Nacht trete ich heute um 8.30 Uhr als Letzter in den düsteren Empfangsraum. Angesichts des Regens habe ich wenig Hoffnung, dass der heutige Tag besser wird als die letzten. Zudem befinden sich meine Schuhe in einem desolaten Zustand: Aus dem Inneren fische ich durchtränktes Zeitungspapier, trotzdem sind sie vollgesogen mit Wasser. Egal, rein die Füße und ab dafür.

Die Etappe verläuft genauso grauenhaft wie befürchtet. Es ist windig, regnet in Strömen, und in meinen Schuhen steht derart viel Wasser, dass es beim Laufen quietscht. Zu Beginn des Tages liegt eine Fährfahrt an, die sich aufgrund der unwirtlichen Bedingungen nicht gerade als Vergnügen erweist. Zu acht schippern wir auf dem kaum überdachten Bötchen in ein graues, undefinierbares Nichts. Der wolkenverhangene Himmel, der Nebel, der Regen, das matte Wasser – alles dieselbe trübe Suppe. Dazu rüttelt der Wind erbarmungslos an unserer Fähre, und wir werden so richtig schön durchgeschüttelt. So habe ich mir immer die Fahrt in den Hades vorgestellt.

Kurz hinter unserem Ankunftsort Santoña verliere ich

dann die Orientierung. Aberwitzige zwölf Varianten schlägt mein Reiseführer ab hier vor, das Kapitel liest sich wie der Anmerkungsapparat einer Steuererklärung. Irgendwann habe ich die Nase voll und treffe eine Entscheidung: Zum Teufel mit dem Buch! Bei diesem Wetter spielt es eh keine Rolle, wo ich langlaufe. Ich starre ja doch nur auf den Boden, damit mir der Regen nicht ins Gesicht peitscht. Von daher packe ich es weg und tippe das heutige Ziel in mein Handy. Statt gelben Pfeilen an Laternen folge ich jetzt mal einem roten Pfeil auf meinem Display. Auf diese Weise füge ich den zwölf Varianten meines Buches noch mal munter zehn neue hinzu. Lieber Autor, bei Interesse bitte melden.

Keine Ahnung, wie viele Kilometer ich heute zurückgelegt habe und durch welche Dörfer ich getingelt bin – gegen 16.30 Uhr erreiche ich auf jeden Fall bei zaghaftem Sonnenschein die sagenumwobene Herberge von Güemes, die mitten im Grünen liegt. Richtig gelesen: Nach fast drei Tagen Dauerregen hat Petrus Erbarmen mit uns Pilgern und hat die Wassermassen gestoppt. Begrüßt werde ich von einer jungen Belgierin mit Rastalocken und einem Teller Kekse in der Hand. Sie ist eigentlich selbst eine Pilgerin, hilft hier aber für ein paar Tage aus. In einem schönen urigen und holzgetäfelten Raum mit schweren stützenden Balken und vielen Fotos an den Wänden nimmt sie an einem Tisch meine Daten auf. Hinter uns knistert in einer Sitzecke ein offener Kamin. Wie gemütlich!

Als ich von einem freundlichen Mann über das Gelände geführt werde, staune ich: Das hier ist alles andere als eine normale Herberge, dieser Ort ähnelt vielmehr einem kleinen

Feriendorf: mit der mediterranen weißen Villa in der Mitte, kleinen, eng aneinandergereihten Hütten, die als Schlafräume dienen, sowie einem großen Garten mit Wäscheleine, Liegen und Pavillon.

Während meiner Führung treffe ich auf viele bekannte Gesichter. Ich sehe ein australisches Mutter-Tochter-Gespann, einige Spanier und zwei Französinnen. Auch Hiroto flitzt in seiner kurzen blauen Jeanshose über das Gelände. Bestimmt 40 Pilger haben hier heute eingecheckt. Fast jeder, der in der Nähe war, scheint es so abgepasst zu haben, dass er bei Pater Ernesto übernachten kann. Für Julia, David, Finn und Marie gilt das leider nicht. Ein bisschen hatte ich gehofft, zumindest einen von ihnen heute wiederzusehen. Doch vermutlich bin ich ihnen mindestens eine Tagesetappe voraus.

Nach dem Duschen und Wäschewaschen verschlägt es mich ins Hauptgebäude. In der lauschigen Feuerecke gönne ich mir etwas Ruhe und wärme meine Füße am Kamin. Bald gesellt sich ein älterer Spanier zu mir, sein Name ist Samuel. Er ist um die 60, braun gebrannt und hat eine Glatze. Mit feuchten Augen berichtet er mir, dass seine Frau vor einigen Monaten den Kampf gegen den Krebs verloren habe. Das Ziel seiner Pilgerreise: „Ich hoffe, dass hier alle schlechten Gedanken auf mich einprasseln werden und dann für immer verschwinden. Damit endlich nur noch die guten bleiben! Ich möchte nicht länger mit diesem verfluchten Schmerz in der Brust an meine Frau denken müssen, sondern mit Freude und Dankbarkeit für die gemeinsame Zeit."

Samuels Geschichte berührt mich, und ich verweise auf den erfahrenen David, der mir exakt einen solchen Reinigungsprozess in Aussicht gestellt hat. Der Spanier ist sichtlich erfreut und betont, das würde ihn anspornen, bis zum Ende durchzuhalten. „Gracias, muchas gracias“, wiederholt er immer wieder.

Dann fällt sein Blick auf meinen Ehering, und er wünscht sich, dass ich nun von meiner Frau erzähle. Das tue ich gern. In den vergangenen Tagen sollte ich schon des Öfteren zum Besten geben, wie es dazu gekommen ist, dass ich bereits mit 18 geheiratet habe. Und die Geschichte bis zum Läuten der Hochzeitsglocken ist durchaus eine Erzählung wert.

Im Sommer des Jahres 2003 hat der Bruder einer Bekannten an einer Castingshow teilgenommen. Ich mochte das Mädchen, fand es spannend, sie im Publikum sitzen zu sehen, und habe die Sendung verfolgt. Auch im dazugehörigen Internetforum war ich aktiv. Dort habe ich meine spätere Frau, eine zwei Jahre ältere Greifswalderin, kennengelernt. Nach einer Weile haben wir die Kommunikation in private Messenger-Dienste verlegt und angefangen, stundenlang miteinander zu telefonieren. Was damals bedeutete: Meine Eltern waren Abende lang von der Außenwelt abgeschnitten, denn Handys gab es noch nicht, und das Festnetz belegten wir. Ein Jahr nach unserem ersten Kontakt haben wir uns in den Sommerferien getroffen. Ich bin einfach alleine in den Zug gestiegen und von Osnabrück nach Greifswald gedüst, wo ich zwei tolle Wochen an der Ostsee hatte. Dass ich mich das mit 16 getraut habe, kann ich heute gar nicht mehr glauben.

Wiederum ein Jahr später ist meine Frau nach Osnabrück gezogen, um zu studieren. Auf engstem Raum haben wir unter dem Dach meiner Eltern gewohnt und uns zum Einjährigen verlobt. Den Antrag habe ich ihr ganz klassisch in meinem Kinderzimmer gemacht. Zwölf Monate später haben wir – kurz nach meinem 18. Geburtstag und ein Jahr vor meinem Abitur – in Greifswald geheiratet. Das Motto: Wir lieben einander und wollen für immer zusammen sein – wozu also warten? Einen netten Nebeneffekt hatte die Geschichte auch noch: Als verheirateter Mann blieb mir der Wehrdienst erspart.

Dass unsere Eltern das mit dem Umzug und der Hochzeit so alles mitgemacht haben, erstaunt mich immer wieder. Damals haben wir selbstverständlich den Eindruck vermittelt, als wüssten wir ganz genau, was wir tun. Aber wenn ich heute den einen oder anderen 18-Jährigen sehe, reibe ich mir natürlich auch verwundert die Augen.

Unsere Ehe hält nun seit fast 13 Jahren. Und wie lässt sich auch dieses unheilvolle Jahr überstehen? Indem ich mich einfach für einen Monat aus dem Staub mache und den Jakobsweg gehe.

Um 19.30 Uhr beginnt die Abendunterhaltung. Bewaffnet mit kleinen Glöckchen, schwirren Pater Ernestos zahlreiche Helferlein aus und klingeln die verstreute Pilgerschar zusammen. Sie geleiten uns in den großen Aufenthaltsraum unter dem Dach des Hauptgebäudes, einem quadratischen Zimmer mit breiten Fensterfronten und einem flachen Tisch in der Mitte. Die meisten finden Platz auf den ringsherum an den Wänden angebrachten Bänken. Die anderen, so auch ich, müssen mit einem Sitzkissen auf dem Boden vorliebnehmen.

Der Pater ist eine ungemein charismatische Erscheinung. Den größten Teil seines Gesichts bedeckt ein gewaltiger weißer Vollbart, der in eine ebenso weiße und lockige Haarpracht übergeht. Inmitten der bauschigen Mähne klemmt eine unscheinbare Brille, durch die seine liebenswürdigen Augen die hereinwuselnden Menschen betrachten. Er hat ein richtiges Weihnachtsmanngesicht mit einem herzerwärmenden Lächeln.

Ernesto ist 82 Jahre alt, und wir befinden uns in seinem Zuhause. Da er nur Spanisch spreche, fragt er in die Runde, wer dolmetschen könne. Es meldet sich ein junger Amerikaner, der ins Englische übersetzen würde. Manchmal gebe es auch fürs Deutsche oder Französische Freiwillige, aber heute eben mal nicht.

Und so beginnt die rund 45-minütige Show mit all ihren Tücken und humorvollen Momenten. Wenn der Pater etwa gar nicht wieder aufhören will zu reden und der Übersetzer immer größere Augen macht, bis Ernesto endlich das allgemeine Raunen bemerkt und sich an seinen Nebenmann erinnert. Oder wenn der Gastgeber länger als eine Minute gesprochen hat und der Übersetzer gerade mal zwei Sätze braucht, um das Gesagte zusammenzufassen. Dann schaut Ernesto den Amerikaner schräg von der Seite an und möchte wissen, ob er etwa geschwafelt habe. Das ist Situationskomik vom Feinsten und unheimlich witzig.

48 Pilger aus 14 Nationen sind laut unseres Gastgebers heute hier, darunter zwölf Deutsche und zehn Spanier, des Weiteren Australier, Kanadier, Amerikaner, Belgier, Mexikaner, Argentinier, Engländer, Japaner, Koreaner, Österreicher, Franzosen und Italiener. Woher kommen die nur alle? Ich bin doch nie im Leben schon 47 unterschiedlichen Menschen begegnet.

Nun kommt der Pater zu seinem zentralen Anliegen,

das ich natürlich nur vom Übersetzer kenne, dessen Worte ich jetzt wiederum ins Deutsche übertrage. Gehen wir also davon aus, dass frei nach dem Stille-Post-Prinzip nichts von dem, was ich schreibe, Pater Ernesto je gesagt hat. Vermutlich wird er mich für die Verfälschung seiner Worte sogar verklagen.

Nun gut, ein paar Dinge glaube ich dennoch zuverlässig referieren zu können: Ernesto erinnert uns daran, dass dies das Haus seiner Großeltern ist, die nur harte Arbeit kannten, um sich und ihre 15 Kinder zu ernähren. Von Selbstverwirklichung hätten sie nicht die Spur einer Idee gehabt. Wir sollen dankbar dafür sein, wie gut wir es heute haben und welche Möglichkeiten uns offenstehen, sollen Verständnis für jene zeigen, denen es schlechter geht, die hungern müssen und ihre Situation verbessern wollen. Er ruft uns zu Demut auf, zu einem einfachen Lebensstil und rät uns vom Luxus ab, der den Geist träge mache. Ernesto ist durch und durch Pfarrer, das lässt sich nicht leugnen, er hält eine 1-A-Predigt.

Er sagt noch viel über Respekt und Nächstenliebe, im Grunde nichts Außergewöhnliches, aber er tut es mit einer warmherzigen Ausstrahlung, die mich zum Grübeln bringt. Der Pater ruft mir ins Gedächtnis, wie privilegiert ich bin, dass ich frei von Sorgen pilgern darf. Und ich zicke und quengele hier herum wie ein Kindergartenkind mit Heimweh – und das nur wegen etwas Regen. Da stimmt doch was nicht, an meiner Einstellung muss sich dringend etwas ändern. Vielleicht kann dieser Aufenthalt ein Neuanfang sein. Für die Möglichkeit einer Pilgerreise nicht einfach dankbar zu sein, erscheint mir gerade unglaublich töricht.

20. Mai 2019

Santa Cruz de Bezana – Das Geheimnis des 80-jährigen Japaners

HEUTE BIN ICH ENDLICH wieder guter Dinge. Das wurde auch Zeit! Vergnügt wandere ich bei blauem Himmel und Sonnenschein durch grüne Feldlandschaften, an einsamen Buchten entlang und barfuß über Strände. Der Weg zeigt sich von seiner schönsten Seite. Und dass ich meinen Poncho mal wieder im Rucksack lassen kann, tut einfach nur gut. Statt das unerträgliche Knistern der Kapuze an den Ohren zu haben, kann ich endlich wieder dem Zirpen der Grillen und dem Gesang der Vögel lauschen. Ein richtig entspannter, ruhiger und versöhnlicher Morgen.

Doch warum tänzele ich auf einmal wieder unbeschwert und frei über die Wege? Hat Pater Ernesto mir den Kopf gewaschen, oder bin ich nur ein Schönwetter-Pilger? Wahrscheinlich liegt die Wahrheit irgendwo in der Mitte. Der Pater hat zweifellos meine Moral gesteigert und mich wachgerüttelt. Meine Erkenntnis: Im Vergleich zu früheren Generationen und Menschen in anderen Erdteilen habe ich das beste Leben, das man sich wünschen kann. Ich lebe in Freiheit, Frieden und einem Sozialstaat. Davon können andere nur träumen. Genau wie von einer Pilgerreise auf dem Jakobsweg.

Ich glaube, ich habe meine Lektion gelernt – und bin froh darüber, meine Zeit auch in den kommenden Wochen am Atlantik verbringen zu dürfen. Was könnte es Schöneres geben, als über einsame Strände zu stapfen und die Gedanken schweifen zu lassen? Eigentlich ist es wie immer: Ob uns etwas Freude oder Verdruss bereitet, liegt meistens nicht an den Dingen selbst, sondern an unserer Einstellung. Aber sei es drum. Wie wasserdicht meine wieder aufgeblühte Euphorie tatsächlich ist, wird sich wohl erst beim nächsten Regenguss zeigen.

Jetzt gerade, es ist 12.30 Uhr, sitze ich in einem gemütlichen Café in Santander und gönne mir eine dickflüssige heiße Schokolade. Das muss auch mal sein. Dazu werden knusprig-frittierte Churros mit einer ordentlichen Portion Zucker serviert. In Deutschland kenne ich diese köstlichen Teigstangen nur vom Weihnachtsmarkt. In Spanien dagegen gibt es eigene Churrerias, die sich auf das fettige Nationalgericht spezialisiert haben. Diese Mahlzeit gilt hier sogar als traditionelles Frühstück. Mir ist schleierhaft, wie nach dieser schwer im Magen liegenden Angelegenheit jemand Kraft aufbringen soll für die Anstrengungen des Tages. Ich jedenfalls fühle mich pappsatt und könnte umgehend in einen tiefen Schlaf fallen.

Beim Blick auf die Rechnung staune ich: Alles zusammen kostet gerade einmal 2,50 Euro. Ein echtes Schnäppchen. In Deutschland würde mir dafür nicht mal jemand eine leere Tasse auf den Tisch stellen.

Mein heutiges Ziel heißt Santa Cruz de Bezana. 15 Kilometer habe ich schon geschafft, neun weitere liegen noch vor mir. Die dortige Herberge hat uns Pater Ernesto persönlich wärmstens ans Herz gelegt, und auf sein Wort vertraue ich. Ein ehemaliger Geschichtsprofessor meinte mal, dass er Politiker danach beurteilen würde, ob er sich vorstellen könnte, von ihnen einen Gebrauchtwagen zu kaufen. Ernesto hätte meine Unterschrift sicher.

Während meines Weges durch die wieder ländlicher werdenden Vororte latsche ich unwillkürlich über eine Bodenplatte, die meine Neugier weckt. Neben einem gelben Pfeil, der mir den Weg nach Santiago weist, ist darauf ein ausgeblichenes rotes Kreuz zu sehen, dessen Anblick mir einen kleinen, süßlichen Schauer über den Rücken jagt. Ich kenne dieses Symbol! Es markiert den Weg nach Santo Toribio de Liébana, einem Kloster in den Picos de Europa, die Teil des Kantabrischen Gebirges sind. Dort wird der Legende nach das größte Stück des Kreuzes aufbewahrt, an dem Jesus gestorben sein soll. Der heilige Turibius soll es im 5. Jahrhundert aus Jerusalem mitgebracht haben. Na, der Herkunftsnachweis wird sicher wasserdicht sein.

Vor meiner Reise habe ich in Erwägung gezogen, diesen 60 Kilometer langen Abstecher in Angriff zu nehmen. Zuletzt war dieser Gedanke ganz weit weg, da wollte ich eher, so schnell es geht, zurück nach Hause. Heute aber fliege ich förmlich wieder über die Strecke und bin richtig motiviert, ein Abenteuer zu erleben. Zwei Tage habe ich noch Zeit, bis ich eine Entscheidung fällen muss. So lange verläuft der Camino Lebaniego parallel zum Camino del Norte. Kurz hinter Serdio biegt er dann in Richtung Picos de Europa ab.

Santo Toribio ist neben Jerusalem, Rom und Santiago

einer der wenigen Orte, die das päpstliche Privileg genießen, ein Heiliges Jahr feiern zu dürfen. Das ist hier in Spanien immer dann der Fall, wenn der Festtag des entsprechenden Heiligen auf einen Sonntag fällt. Für die Pilger hat das den netten Nebeneffekt, dass ihnen am Ziel ihrer Reise sämtliche Sünden erlassen werden, sofern sie auch die Beichte ablegen und die Eucharistie empfangen. Leider wird dieses Jahr weder in Santiago noch in Santo Toribio ein Heiliges Jahr gefeiert. Schade eigentlich.

Als handle es sich um eine ausgeklügelte Werbekampagne, kommt kurz darauf auch die Hauptattraktion der Picos de Europa zum Vorschein: die schneebedeckten Gipfel. Sie schimmern derart zart in der Ferne, dass sie aussehen wie kleine Wattebäuschchen, die am Himmel kleben, erhaben und mystisch zugleich!

Die Herberge in Santa Cruz de Bezana ist ein echter Volltreffer. Sie befindet sich in einem unscheinbaren Reihenhaus direkt an der Hauptstraße. Ein Ehepaar lässt die Pilger im ersten Stock seines Heimes schlafen. Zu sehen bekomme ich aber nur Carmen, die ursympathische, etwa 40-jährige Hausherrin mit wuscheliger schwarzer Lockenmähne und herzlicher Ausstrahlung. Sie spricht laut, rasend schnell und hat die 20 anwesenden Pilger wie eine Kindergärtnerin im Griff.

Bewundernswert finde ich, wie viel Zeit sie sich für die Fragen ihrer Gäste nimmt. Ich höre sie nun schon zum zehnten Mal erklären, dass sie ein Abendessen kocht und wie der Wäschetrockner funktioniert. Dabei trifft sie jeden Tag auf neue Menschen und kann zu keinem von ihnen jemals eine engere Beziehung knüpfen. Ich glaube, ich könnte das nicht, das wäre mir auf Dauer zu frustrierend. Und sie kann sich nicht mal sicher sein, dass die Pilger ihre Fürsorge honorieren werden, denn wie in Güemes darf hier jeder für Unterkunft und Verpflegung so viel zahlen, wie er möchte.

Die meiste Zeit des Nachmittags verbringe ich in dem kleinen, verwilderten Garten. Zwischen zwei voll belegten Wäscheleinen sitze ich an einem dreckigen Tisch und halte meinen Kopf mit geschlossenen Augen in die Sonne. Mensch, ich war schon richtig auf Entzug. Hier kann ich mich auch endlich mal in Ruhe mit dem ebenfalls anwesenden Hiroto unterhalten. Der herzensgute Japaner lebt mit seiner Frau in Nagoya, einer Stadt zwischen Tokio und Osaka.

Ich möchte jetzt endlich wissen, woher er mit seinen 80 Jahren die Kraft nimmt, gleich zwei Rucksäcke auf einmal zu schultern und trotzdem scheinbar mühelos mit den anderen mitzuhalten. Ich wette, der alte Mann könnte Überflieger Richard in eine tiefe Krise stürzen, sollte er ihn je mit Sack und Pack überholen.

Hiroto lächelt. „Mit 37 habe ich angefangen zu joggen", beginnt er sein Fitnessgeheimnis zu lüften. „Seither laufe ich jedes Jahr einen Marathon über 42 Kilometer. Meine aktuelle Zeit beträgt 4:45 Stunden."

Das ist unglaublich! Soviel ich weiß, liegt er damit nur knapp unter dem Durchschnitt. Ich leide schon nach 500 Metern an Seitenstechen. Im Dezember werde er an einem Marathon in Hawaii teilnehmen, kündigt das Konditionswunder an.

„Aber doch nicht am Iron Man?", will ich ungläubig wissen.

„Nein, nein", winkt er ab. „Ich würde ja gern, aber dummerweise gibt es da ein Problem: Ich kann nicht gut schwimmen“, verrät er seine Achillesferse.

„Aber was hat es nun eigentlich mit dem zweiten Rucksack auf sich?“, schaue ich ihn neugierig an.

Seine simple Antwort: „Ohne den würde ich hintenüber kippen. Ich brauche den Rucksack vor der Brust, damit ich das Gleichgewicht halten kann.“

Dieser Mann ist ein echtes Vorbild. Und das Beste ist: Wenn ich richtig gerechnet habe, bleiben mir noch sieben Jahre Zeit, um den Weg der ultimativen Fitness einzuschlagen. Und bloß nicht schwimmen gehen, merke ich mir, das bringt sowieso nichts.

Zum Abendessen gibt es Salat und goldgelbe Tortilla, ein spanisches Omelette aus Kartoffeln, Zwiebeln und Ei. Herrlich, wie das dampft und duftet. Bevor wir unsere Teller leermampfen können, trommelt uns die temperamentvolle Carmen zu ihrem speziellen Ritual zusammen. Mit energischer Stimme und knackigen Kommandos lässt sie, am Ende der Tafel stehend, den müden Haufen nach ihrer Pfeife tanzen.

„Hey, habe ich was von Hinsetzen gesagt? Aufstehen gefälligst, hopp, hopp, und ab an die Wand mit euch“, ruft sie, während sie in die Hände klatscht. „Und gebt eure Handys her, na los, das ist nicht freiwillig!“ Mann, hat diese Frau Feuer unterm Hintern.

Erst als wir dicht gedrängt beieinanderstehen und sich vor ihrer Nase unsere Smartphones stapeln, gibt sie Ruhe und holt tief Luft. „Ich freue mich darüber, dass ihr alle da seid“, heißt sie uns noch einmal herzlich willkommen. „Guckt in den nächsten drei Minuten bitte recht freundlich und zwinkert nicht, denn ich werde jetzt mit jedem Smartphone ein Foto schießen, damit ihr euch alle an den hoffentlich schönen Abend bei mir erinnern könnt."

Dann greift sie nach dem ersten Gerät und knipst in einem Affenzahn drauflos. Ansagen wie „Cheese" oder „Ameisenscheiße" sind überflüssig, denn angesichts der putzigen Art und Weise, wie Carmen mit ihren Krakenarmen die Handys jongliert, sind wir ohnehin am Kichern. Eine tolle Idee, ein Gruppenbild für alle anzufertigen. Schade nur, dass sie selbst nicht mit drauf ist.

Die Tortilla schmeckt hervorragend. Kein Vergleich zu den trockenen Dingern, die es in den All-inclusive-Hotels auf den Kanaren zum Frühstück gibt. Carmen ist nicht nur ein guter Mensch, sondern auch eine gute Köchin. Am Kühlschrank hängt im Übrigen ein Foto, das sie Arm in Arm mit Pater Ernesto zeigt. Das passt! Nach dem Essen revanchiere ich mich für ihre Gastfreundschaft, indem ich beim Abtrocknen helfe. Sich ein bisschen nützlich zu machen, kann auch mal nicht schaden.

Diese Herberge ist der zweite Glücksgriff in Folge, und ich verstehe jetzt auch, warum. Ernesto und Carmen sind meine ersten Herbergsleiter seit den Zwölf Stämmen, die sich persönlich um ihre Gäste kümmern, die nicht nur da sind, um abzukassieren und hinter uns wieder aufzuräumen. Ich fühle mich richtig wohl hier, gut aufgenommen und als Teil einer großen Gemeinschaft. Hier kommt wieder echte Klassenfahrtstimmung auf, das hat mir, glaube ich, ein bisschen gefehlt. Diese Aufenthalte, verbunden mit der Rückkehr dieser sonderbaren gelben Scheibe am Himmel, waren Balsam für die Seele.

21. Mai 2019

Caborredondo – Die einsamste Pilgerin der Welt

HEUTE MORGEN WERDE ich von Fußschmerzen der besonderen Art geplagt. Zwar sind meine Schuhe zum ersten Mal seit Tagen wieder rundum trocken – aber dafür scheinen sie seltsamerweise um zwei Nummern geschrumpft zu sein. Das schrumpelige Leder quetscht meine Füße ganz schön zusammen – ein echter Krampf bei jedem Meter!

Da fällt mir ein: Es heißt immer, man solle Wanderschuhe eine Nummer größer kaufen, weil die Füße wegen der regen Durchblutung beim Laufen anschwellen. Allerdings steht nirgendwo, dass die Kleidung im Gegenzug getrost eine Nummer kleiner ausfallen darf. Meine Hose muss ich mir inzwischen fast mit einer Kordel um die Hüften binden, damit sie nicht von meinen abgemagerten Knochen rutscht. So langsam drohe ich sogar die Zehn-Prozent-Regel zu brechen, wonach das Gepäck nicht mehr wiegen soll als ein Zehntel des eigenen Körpergewichts. Es hilft nichts: Ich muss mehr und vor allem regelmäßiger essen! Zum Glück hat uns Carmen mit einem kleinen Frühstück versorgt, nach dem Willen der Mehrheit bereits um 7.00 Uhr. Ein Hoch auf die Demokratie!

Der Blick vom Jaizkibel auf die malerische Bucht, an der Irun, Hondarriba und Hendaye liegen, ist magisch.

Der Pilgerausweis gilt als Eintrittskarte für die öffentlichen Herbergen.

Noch 787 Kilometer bis Santiago, dann wäre das Gröbste ja geschafft.

Hinter San Sebastián fühlte ich mich ein bisschen wie im Auenland in „Herr der Ringe".

Enge Gassen mit hohen Fassaden prägen die Altstadt Orios und vieler anderer Städte im Baskenland.

Die Begegnungen mit Tieren komplettieren das Rundum-Sorglos-Paket des Jakobsweges.

Gerade an den Regentagen musste ich gut aufpassen, wohin ich trat.

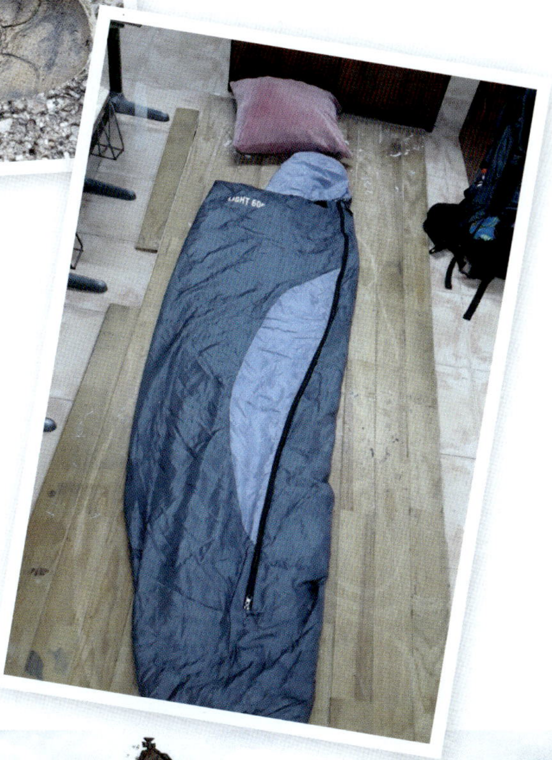

Als selbst die Matratzen auf dem Boden schon belegt waren, wie in Serdio, musste ich erfinderisch werden.

In den kleinen Bergdörfern der Picos de Europa lassen sich einige alte Kapellen besichtigen.

An manchen Tagen habe ich unterwegs mehr Pferde gesehen als Menschen.

Gerade im Morgennebel verströmen die Eukalyptuswälder Galiciens eine fast mystische Atmosphäre.

Die verwunschenen Hügellandschaften hinter Zumaia leuchten in der Morgensonne besonders schön.

Auf einem Weg hinter Miraz stehen die Ginsterbüsche Spalier.

Für diesen Küstenweg mit tollen Aussichten in Asturien muss man einen kleinen Umweg in Kauf nehmen.

Immer wieder kommen die Pilger an idyllischen Stränden vorbei wie hier auf dem Weg nach Llanes.

Die raue Steilküste Asturiens ist wunderschön.

Grüne saftige Wiesen, wohin das Auge reicht – das bietet ein Höhenweg hinter Mondoñedo.

In Galicien weisen Wegsteine mit Kilometer-Countdown den Pilgern den richtigen Weg.

Sie haben die Kathedralentürme von Santiago bereits im Blick – zwei Statuen auf dem Monte do Gozo.

Nach einigen Kilometern durch einen Wald kam wie aus heiterem Himmel neben mir die Großstadt San Sebastián zum Vorschein.

Capitulum huius
Almae Apostolicae
et Metropolitanae Ecclesiae
Compostellanae, sigilli Altaris
Beati Iacobi Apostoli custos, ut
omnibus Fidelibus et Peregrinis ex toto terrarum
Orbe, devotionis affectu vel voti causa, ad limina
SANCTI IACOBI, Apostoli Nostri, Hispaniarum
Patroni et Tutelaris convenientibus, authenticas
visitationis litteras expediat, omnibus et singulis
praesentes inspecturis, notum facit: dominum
Ioannem Zenker
hoc sacratissimum templum, perfecto itinere
sive pedibus sive equitando post postrema centum
milia metrorum, birota vero post ducenta, pietatis
causa, devote visitasse. In quorum fidem praesentes
litteras, sigillo eiusdem Sanctae Ecclesiae munitas,
ei confert.

Datum Compostellae die 9 mensis Iunii anno Dni 2019

Segundo L. Pérez López
Decanus S.A.M.E. Cathedralis Compostellanae

Geschafft! Ich habe die Pilgerprüfung
offiziell bestanden. Die Urkunde wirc
in lateinischer Sprache ausgehändig

Das schrumpelige Leder ist übrigens nicht das einzige Problem meiner Schuhe. Die Sohle nutzt sich rasend schnell ab. Offenbar bewege ich mich im Alltag wesentlich weniger als gedacht, denn mein letztes Paar hat locker ein Jahr gehalten.

Die heutige Etappe ist nicht besonders vielseitig. Endlose Feldwege wechseln sich ab mit kleinen industriell geprägten Orten. Hier dominieren riesige Schornsteine das Bild, die große Mengen Dampf in den wolkenlosen Himmel schicken.

Am frühen Nachmittag schließe ich auf Höhe einer Kuhweide zu einer kleinen, etwas buckligen und unheimlich langsamen Pilgerin auf. Sie schleicht geradezu über den Camino und schultert einen völlig überproportionalen Rucksack. Als ich flotten Schrittes an ihr vorüberziehe, stiert sie mich neugierig mit großen Augen an. Ich erwidere ihren Blick, nicke ihr mit einem freundlichen Lächeln zu und wünsche einen „buen camino“.

Doch das reicht der Dame offenbar nicht. Nachdem ich gefühlt schon zehn Meter weiter bin, höre ich hinter mir ein Räuspern. „Na, da hat es aber jemand eilig“, schleudert sie mir etwas unbeholfen hinterher. Das ist Pilgerjargon für: „Mach mal bitte etwas langsamer, ich brauche ein bisschen Gesellschaft.“

Also drossele ich mein Tempo, und wir stellen einander vor. Anna ist Belgierin und spricht erstaunlich gut Deutsch. Das komme daher, verrät sie mir, dass ihr Mann in Mainz geboren sei. Bitterlich klagt sie über die Strapazen des Weges, während sie sich bei jedem zweiten Satz eine Strähne ihres ergrauten schulterlangen Haares aus dem Gesicht streicht. Sie komme nur schleppend voran, bedauert sie, und sei nach mehreren Knie-Operationen einfach zu schwach auf den Beinen. Erst recht, wenn es wie heute schon ab 11.30 Uhr brütend heiß ist. Außerdem würden ihr dauerhafte Kontakte fehlen. Im Grunde geht es ihr da wie mir, und so vertiefen wir rasch das Gespräch.

„Da ich so langsam bin, werde ich ständig überholt“, sagt sie niedergeschlagen. „Manche drehen sich nicht einmal um. Sie zischen einfach vorbei und sind im nächsten Moment wieder verschwunden. Ach, das ist irgendwie alles frustrierend.“ Anna seufzt, und nachdem ich ihr mein Verständnis zugesichert habe, setzt sie ihr Klagelied fort: „Immerzu kriege ich mit, wie Pilger alten Bekannten um den Hals fallen, die sie seit Tagen schon nicht mehr gesehen haben. Ich dagegen treffe nie jemanden wieder. Ich habe noch keinen einzigen Pilger zweimal gesehen.“

Anna schaut mich mit großen, traurigen Kulleraugen an, die jedes Herz zum Erweichen brächten. „Manchmal unterhalte ich mich ja nett“, fährt die 65-Jährige fort, „aber zu mehr als 2,5 Kilometern pro Stunde bin ich eben nicht zu gebrauchen. Ich bin einfach eine lahme Ente, und diesem Tempo kann sich niemand auf Dauer anpassen. Die wollen alle weiter als ich. Und sobald sie wieder von dannen ziehen, sind sie für mich für immer verloren.“ Und dann sagt sie in einem erbarmungswürdigen Ton diesen einen erschütternden Satz, der mich ins Mark trifft: „Ich bin bestimmt die einsamste Pilgerin der Welt.“

Mir entgleiten sämtliche Gesichtszüge. In ihren Worten liegt so viel Schmerz, dass ich kräftig schlucken muss. Einsam sollte auf dem Jakobsweg nun wirklich keiner sein. Ich rede ihr so gut zu, wie ich nur kann, wenngleich ich natürlich weiß, dass auch ich vermutlich eher früher als später zu den Menschen gehören werde, die sie alleine lassen.

Zum Glück fasst sie sich wieder und versichert mir, dass Aufgeben für sie nicht infrage komme. „Ich halte durch", gelobt sie mit eiserner Stimme. „Es bedeutet mir viel, diesen Weg zu laufen und zu beenden. Ich habe dem Herrgott einiges zu verdanken. Zwar prüft er mich reichlich, doch ich will mich nicht beschweren. Ich hatte 40 Jahre lang einen lieben Mann an meiner Seite und bin Mutter von zwei wundervollen Kindern. Und die haben mir sogar schon Enkel geschenkt. Nein, ich habe es nicht schlecht getroffen. Ich kann Dankbarkeit spüren trotz meiner Operationen und obwohl mein Mann vor einigen Jahren gestorben ist, und die möchte ich mit meinem Weg zum Ausdruck bringen."

Anna ist inspirierend. Neben ihren Knie-Operationen hat sie auch schon eine Krebserkrankung hinter sich. Ihr Mann hat immer an ihrer Seite gestanden, und als sie wieder gesund war, ist er eines Morgens einfach nicht mehr wach geworden. Das ist mittlerweile vier Jahre her. Unglaublich, welchen Schicksalen ich hier begegne. Diese Welt ist manchmal unfair.

Langsam senkt sich die Straße und führt uns in die 4000-Einwohner-Gemeinde Santillana del Mar, die ihr mittelalterliches Ortsbild fast vollständig bewahrt hat. Seit an Seit marschieren wir staunenden Blickes auf einen zentralen, gepflasterten Platz, der gesäumt wird von alten Natursteinhäusern mit dunklen Balkonen und einer großen Kirche. Wir fühlen uns sofort in eine andere Zeit versetzt. Fehlen eigentlich nur noch Gaukler, Händler und Schwertschlucker, dann wäre diese Simulation des Mittelalters perfekt. Die Idylle hat nur einen Schönheitsfehler: Aus jeder zweiten historisch anmutenden Fassade streckt ein Souvenirshop mit Drehständern voller Nippes seine hässliche Fratze nach draußen.

Zu meiner Verwunderung sind die Straßen dieses Touristenmekkas so gut wie ausgestorben. Aber es ist ja auch schon 14.00 Uhr, und die Spanier halten Siesta. Anna und ich finden trotzdem eine geöffnete Bar und beschließen, eine Kleinigkeit zu essen. Im Schutze eines Sonnenschirms setzen wir uns am Rande des großen Platzes an einen gemütlichen runden Tisch und bestellen uns jeder einen Schinken-Käse-Toast.

Unser Gespräch bleibt intensiv, und wir kommen auch auf meine Beweggründe für die Pilgerschaft zu sprechen. Nachdem die Belgierin sich geöffnet hat, nehme ich auch kein Blatt vor den Mund und berichte von meiner bisher vergeblichen Suche nach Gott und dem Sinn des Lebens.

„Ja, mit Ende 20, Anfang 30 war ich auch noch auf der Suche, das ist doch gar nicht schlimm", lächelt mich Anna mit rosigen Wangen an. Sie ihrerseits hat keinen Zweifel daran, dass Gott existiert.

Nach dem Essen schleichen wir in Richtung ihres Hotels, denn eilig haben wir es nicht, einander Lebewohl zu sagen. In Santillana zu bleiben, ist für mich jedoch keine Option. Für den Fall, dass ich den Abstecher nach Santo Toribio machen will, muss ich morgen in Serdio ankommen, denn danach gabelt sich der Weg. Der kleine Ort liegt allerdings noch 45 Kilometer entfernt. Ich muss und möchte also weiter, trotz der 25 Kilometer in meinen Knochen.

Vor ihrer Unterkunft fallen wir einander in die Arme. Diese Abschiede sind immer schwer, besonders nachdem man so viel Intimes ausgetauscht hat. Anna übernachtet meist in Pensionen. In ihrem Tempo kann sie sich der Betten-Hatz nicht stellen und geht lieber auf Nummer sicher. Sie ist auch erst in Bilbao gestartet, um den schlimmsten Anstiegen aus dem Weg zu gehen.

Als ich allein durch das leere Örtchen streife, lese ich in meinem Reiseführer, dass Santillana del Mar als Stadt der drei Lügen gilt, denn sie liegt weder flach (lan) noch am Meer (del Mar) noch ist sie heilig (san). Und ich habe sogar noch eine vierte ausgemacht: Als Hauptattraktion gilt neben dem historischen Ambiente die zwei Kilometer südlich gelegene Höhle von Altamira. Sie zeigt einige der schönsten steinzeitlichen Höhlenmalereien der Welt, darunter Dutzende farbige Bilder von Hirschen, Bisons, Pferden und anderen Tieren, die mindestens 15.000 Jahre alt sind. Doch jetzt kommts. Da der warme Atem der Besucher den sensiblen Kunstwerken zugesetzt hat, wurde eine Kopie der Höhle aus dem Boden gestampft und das Original bis auf wenige Ausnahmen geschlossen. Ich finde das dämlich. Eine Kopie bleibt nun mal eine Kopie und ist mir keinen Besuch wert.

Vielleicht verhält es sich mit der Erde ja genauso wie mit dieser Höhle. Es fühlt sich alles so echt an, und doch handelt es sich nur um eine Kopie. Vielleicht ist das mit der Verbannung aus dem Paradies gemeint. Wir Menschen werden sterblich und dürfen nur noch das Abbild des Garten Eden beackern, damit wir das Original nicht in Schutt und Asche legen. Wäre doch ein weiser Schachzug von Gott. Und erst nach dem Tod kehren wir auf die echte Seite zurück, sofern wir uns ihrer als würdig erweisen. Dort dürfen wir die Wahrheit schauen, die uns auf Erden verborgen bleibt, weil Gott sie nicht in seine Kreation implementiert hat. Und die Verbindung zu dieser Wahrheit ist die Liebe Gottes in unseren Herzen. Das klingt zwar kitschig, gefällt mir als Theorie aber ganz gut, zumal es die immensen Wissenslücken erklären würde, mit denen wir uns herumplagen.

Die Beschränktheit unseres Geistes ist auch das eigentliche Problem, das mich in den Wahnsinn treibt. Ich suche nach Gott, dem Sinn des Lebens, der Wahrheit – dabei sind wir noch nicht mal dazu in der Lage, uns vorzustellen, dass vor dem Urknall im wahrsten Sinne des Wortes nichts existiert haben soll. Irgendeinen leeren Raum muss es doch gegeben haben. Und dass das Universum unendlich groß sein könnte, ist für uns genauso schwer vorstellbar wie die Annahme, dass es ein Ende haben könnte. Denn dann müsste es irgendwo eine Mauer geben, die wiederum unendlich dick sein müsste. Puh, allein die Vorstellung treibt mir Schweißperlen auf die Stirn. Und selbst, wenn das Universum ein geschlossener Kreislauf wäre, wir also irgendwann wieder bei der Erde ankämen, wenn wir in einem Raumschiff immer geradeaus flögen, müsste es ja von irgendeinem Raum umgeben sein.

Wir können uns nicht mal aus den Bedingungen der sichtbaren Wirklichkeit einen Reim machen – wie sollten wir dazu in der Lage sein, das Wesen Gottes oder den Sinn des Lebens zu erfassen? Aufgeben kommt aber auch für mich nicht infrage, so viel habe ich von Anna gelernt.

Hinter Santillana geht es beständig auf und ab. Ein Wegweiser verrät mir: Bis Santiago sind es noch 521 Kilometer. Prima, dann wäre das Gröbste ja geschafft. Beim dritten Anstieg vergeht mir so langsam die Lust. Dummerweise habe ich vor einigen Tagen meinen Hut verloren, sodass die Sonne freie Schussbahn hat und meinen Nacken unerbittlich ins Visier nimmt.

In meiner Herberge in Caborredondo treffe ich Steffi wieder, eine der beiden jungen Frauen, mit denen ich in Zumaia Karten gespielt habe. Nanu, wie kommt die denn hierher? Die kann doch unmöglich vor mir sein. Als ich in den kleinen Hinterhof trete, aalt sie sich jedoch leibhaftig mit zwei Freundinnen in der Sonne.

„Wir sind zunächst noch mit dem Bus nach Bilbao gefahren", erklärt mir Steffi ihr schnelles Vorankommen, „doch dann musste Maren wegen ihrer Fußbeschwerden aufgeben. Sie hat ihr letztes Geld zusammengekratzt und ist nach Madrid gefahren. Dort verbringt sie ein paar schöne Tage."

Auch ein südkoreanisches Pärchen ist hier, das mich seit meiner Nacht bei den Zwölf Stämmen verfolgt. Ich habe die beiden nie erwähnt, denn sie sprechen kein Englisch, und verständigen können wir uns nur mit Händen und Füßen. Aber gerade die Frau strahlt immer wahnsinnig, sobald sie mich sieht. Ich habe die beiden richtig lieb gewonnen. Und andersherum scheint es genauso zu sein. Wir sind sozusagen gemeinsam in die erste Klasse gegangen; sie wiederzusehen und festzustellen, dass ich mich auf dem richtigen Kurs befinde, ist immer etwas Besonderes. Ich kann verstehen, dass Anna darauf neidisch ist.

22. Mai 2019

Serdio – Die härteste Nacht meines Lebens

HEUTE WAR EIN TRAUMHAFT schöner Tag! Der leider buchstäblich ein hartes Ende nimmt. Als ich um 20.00 Uhr hechelnd meine Herberge erreiche, sind alle Betten belegt. Kein Wunder, dass sich der Hospitalero längst aus dem Staub gemacht hat. In Empfang genommen werde ich stattdessen von zwei jungen spanischen Pilgern. Sie bringen mir so schonend wie möglich bei, dass meine einzige Chance, in dieser ehemaligen Dorfschule zu schlafen, darin besteht, es auf dem Boden zu tun. Bitte was? Fassungslos starre ich die beiden an. Auf dem Boden? Allein vom Anschauen der Fliesen kriege ich Rücken. Doch die Burschen zucken bloß entschuldigend mit den Achseln. Ich solle es positiv sehen, meint der eine. Immerhin müsste ich nichts mehr bezahlen.

Ein schwacher Trost nach 38 schweißtreibenden Kilometern! Mit meinen Kräften bin ich sowieso schon am Ende, da hat mir eine Nacht auf der Erde gerade noch gefehlt. Aber was solls: Ich bin in Serdio, ich habe es geschafft! Ich stehe am Tor zu den Picos de Europa. Sollte ich mich morgen noch bewegen können, werde ich es aufstoßen.

Das frühere Klassenzimmer im Erdgeschoss, das ich mir

mit neun weiteren Nachzüglern und mindestens 100 Spinnen teile, macht gelinde gesagt einen heruntergekommenen Eindruck. Die Decke ist übersät mit Stockflecken, es riecht modrig, und überall stehen eingestaubte Tische herum. Nicht gerade heimelig. Zur Ehrenrettung der Unterkunft sei erwähnt, dass ich den eigentlichen Schlafsaal in der ersten Etage gar nicht zu Gesicht bekomme, denn der ist nun mal voll, belegt mit den Strebern. Wir hier unten fühlen uns dagegen wie die Lümmel aus der letzten Reihe, die in der Abstellkammer nachsitzen müssen.

Ausgerechnet ich habe dabei doppeltes Pech: Während meine Leidensgenossen immerhin noch Matratzen ergattert haben, gehe ich als Einziger leer aus. Mir bleibt nichts anderes übrig, als ein 2,50 Meter langes Holzbrett aus dem Gerümpel zu zerren, das zwar nicht viel weicher ist als der Boden, aber wenigstens etwas Schutz vor Kälte verspricht. Mutig wie ich bin, öffne ich auch eine knarzende Schranktür und fördere ein gräuliches Kissen zutage. Vor dem Zweiten Weltkrieg war das vermutlich mal pink. In bester MacGyver-Manier wickle ich das olle Teil in meinen Poncho. Tada, ein – hoffentlich hygienisch einwandfreies – Kopfkissen. Mag mir gar nicht ausmalen, wie der Stoff unter einem Mikroskop aussieht. Die Beschreibung „lebendig“ wäre wahrscheinlich stark untertrieben. Zum Schluss werfe ich noch sämtliche Klamotten, die ich besitze, auf das improvisierte Nachtlager. Vor allem meine Knie und Ellenbogen schmerzen trotzdem bei jeder kleinsten Bewegung.

Um mich abzulenken, rufe ich mir die wunderbare Landschaft ins Gedächtnis, die mich heute begeistert hat. Da wäre zunächst der Strand von Comillas. Über einen Feldweg, auf dem verliebte Schmetterlinge meine Beine umkreisen, nähere ich mich nach 16 Kilometern dem idyllischen Küstenort. Schon von Weitem rieche und höre ich das Meer. Als der sonnenbeschienene Strand in Sicht kommt, fangen meine Augen an zu leuchten: So türkisblau habe ich das Wasser noch nicht gesehen, willkommen im Paradies!

Beleidigt stelle ich fest, dass die gelben Pfeile mich hinauf ins Zentrum führen wollen. Doch den Umweg ans Meer lasse ich mir nicht entgehen. Und so hüpfe ich ein paar Minuten später mit den nackten Füßen vergnügt durch das glasklare Wasser.

Richtig aus den Socken haut es mich auch ein paar Kilometer weiter. Von einer Anhöhe aus blicke ich auf einen einsamen Strand, das Meer und die rauschenden Wellen, während sich im Hintergrund still und geheimnisvoll die schneebedeckten Gipfel der Picos de Europa erheben. Der Kontrast ist sagenhaft! Hier das karibische Flair, dort die Eiseskälte.

Überwältigt von diesem Blick lasse ich mich in 100 Meter Höhe auf den gepflasterten Weg fallen, der sich inmitten grüner Weiden hinab zum Strand windet. Die Aussicht ist einfach magisch. Nie wieder werde ich meine Stimme gegen den Camino del Norte erheben! Was habe ich mir nur dabei gedacht, diese Reise infrage zu stellen. Mindestens eine halbe Stunde bewege ich mich nicht vom Fleck. Ich habe jetzt einfach mal die Ruhe weg, obwohl noch gut 14 Kilometer vor mir liegen.

Wenn ich so durch meine Aufzeichnungen blättere, habe ich abgesehen von den Regentagen eigentlich immer von meiner Pilgerschaft geschwärmt. Und doch habe ich erst jetzt das Gefühl, so richtig angekommen zu sein und nicht mehr als Gast über diesen Weg zu wandeln. Ich kann es nicht leugnen: Zwar bin ich weiß Gott nicht immer der Erste am Ziel gewesen, aber an vielen Tagen war ich eben doch darauf bedacht, zügig voranzukommen, damit ich bei der abendlichen Bettenverteilung nicht leer ausgehe. Doch das ist falsch! Ich darf mich nicht hetzen lassen, ich muss häufiger innehalten und die schönen Momente genießen, anstatt sie auf der Jagd nach einem Schlafplatz bloß abzuhaken.

Es ist unglaublich, was ich seit meinem Aufenthalt bei Pater Ernesto für einen Wandel vollzogen habe. Auf einmal sind all meine Zweifel wie weggeblasen, und ich ruhe in mir selbst. Ich muss an die Worte meiner zweiten Etappe denken: Aus dem unsicheren Säugling, der erst Vertrauen zu seiner unbekannten Umgebung fassen musste, ist ein vorpubertierender Jüngling geworden. Deswegen habe ich jetzt auch das Selbstvertrauen, es mit den Bergen aufzunehmen. Wollen wir hoffen, dass ich mich in meinem jugendlichen Leichtsinn nicht übernehme.

In dieser euphorischen Stimmung pilgere ich weiter. Drei Kilometer stapfe ich durch die sprudelnden Wellen, lasse San Vicente de la Barquera hinter mir und bezwinge die nächsten Hügel. Das Tollste ist: Ich laufe wie von selbst. Es ist, als hätte mein leichter Geist den Füßen das Fliegen gelehrt. Ich fühle mich frei, beschwingt und glücklich. Heute könnte ich wieder jeden Grashalm einzeln umarmen.

Kurz vor dem Ziel begehe ich einen großen Fehler. Ich falle in eine Bar ein und genehmige mir ein zünftiges Abendessen: Pommes und Steak. Mit der Folge, dass mein Adrenalinspiegel auf Normalniveau sinkt. Nach meiner Rückkehr auf den Weg tut plötzlich alles weh, und ich merke, wie müde ich bin. Irgendwie kriege ich den Motor nicht mehr zum Laufen, und die letzten Kilometer werden zur Qual.

Den Grad der eigenen Erschöpfung erkennt man auch daran, wie viel Blödsinn einem ungefiltert durch den Kopf schwirrt. Ich bekomme plötzlich Lust auf Musik, und da ich keinen MP3-Player dabei habe, fange ich fatalerweise einfach selbst an, zu texten. Aus irgendeinem Grund knöpfe ich mir die am beklopptesten klingenden Ortsnamen meines Weges vor und dichte grenzdebile Verse darauf.

Dazu stelle ich mir eine dieser Dauerwerbesendungen für Schlagerplatten vor, die mitten in der Nacht im Fernsehen laufen – mit alten Männern in flatternden weißen Hemden vor einer Strandkulisse, die so tun, als würden sie Gitarre spielen. Dazu kräht eine viel zu gut gelaunte Frauenstimme Sätze wie: „Ihre Hits begeistern Millionen. Jetzt gibt es sie zusammen auf sieben CDs. Rufen Sie noch heute an, und Sie erhalten eine handsignierte Rolle Klopapier gratis dazu."

Dabei heraus kommen knackige, herzerweichende Hymnen wie „San-tan-der, die Stadt am Meer", das schnulzigflotte „Santo Toribio de Liébana, dort traf ich deine Mutter Jana", das schwelgerisch-kitschige „Santillana del Mar, dort wurden wir ein schönes Paar" und, last but not least, das peppige „Markina, Markina, Markina-Xemein, düng, düng, düng, düng, du bist mein kleiner Sonnenschein".

Ich habe keine Ahnung, welcher Impuls diesen Irrsinn ausgelöst hat. Es ist einfach passiert. Wahrscheinlich entfaltet das Chlorwasser endlich seine volle Wirkung. Davon hatte ich heute nämlich reichlich. Und nun habe ich den Salat und trällere schwachsinnige Refrains in Endlosschleife vor mich hin. Allerdings bin ich mir auch sicher: Auf einer CD der Flippers würden meine Lieder nicht negativ auffallen.

Irgendwann hat dich der Weg wahrscheinlich so weit: Du verlierst den Verstand und wirst gaga. Am Ende meiner elfstündigen Wanderung sehe ich mich jedenfalls außerstande, mich gegen diese Spinnereien zu wehren. Vielleicht ist das diese innere Leere, von der David in San Sebastián gesprochen hat. Nur dass auf meine frisch formatierte Festplatte nicht Gott aufgespielt wurde, sondern der Sound der Flippers. Kann man nichts machen, Chance vertan.

In Serdio kehre ich dann auf den Boden der Tatsachen zurück beziehungsweise auf den harten Boden meiner Herberge. Erwähnte ich eigentlich schon, dass ich abgenommen habe? Meine hervorstechenden Hüftknochen lassen mich jedes fehlende Fettpölsterchen bitterlich bereuen. Ich spüre jeden verdammten Knochen auf diesem ominösen Brett, und mein dünner Reiseschlafsack ist auch keine große Hilfe.

Aber eigentlich ist das halb so wild. Es muss nicht immer alles perfekt sein – und ist es trotzdem! Meine Zimmergenossen mögen zwar über mich und mein komisches Brett spotten – aber ich denke mir: Endlich mal eine Matratze, auf die ich auch mit ausgestreckten Beinen passe. Ich fühle mich frei und bin zufrieden. Alles andere sind nichtige Äußerlichkeiten, die mal mehr, mal weniger bequem sind.

25. Mai 2019

Llanes – Wiedersehensfreude ist die schönste Freude

SITZE IN MEINEM BUS zurück auf den Jakobsweg. Hinter mir liegen zwei anstrengende, aber erfüllende Tage in den Picos de Europa. Rund 60 Kilometer bin ich durch die einsame Bergwelt gepilgert, an bizarren, mit Moos besprenkelten Felswänden vorbei und entlang von glasklaren Flüssen in saftiggrünen Tälern. Im eisigen Wind habe ich auf 1000 Meter hohen Gipfeln gestanden und den Blick genossen auf tiefe Schluchten und die schneebedeckten Spitzen. Wie einzigartig und schön. Nur strapaziös wars. Teilweise bin ich derart langsam über die Wege gekrochen – selbst Anna wäre mühelos an mir vorbeigezischt. Manche Steigungen konnte ich nur auf Zehenspitzen bewältigen.

Unterwegs war ich ganz auf mich allein gestellt, denn Pilger gesehen habe ich keine, und in meinem Reiseführer wird die Route nicht beschrieben. Sie scheint ein echter Geheimtipp zu sein. Auch in den spärlichen Dörfern herrschte eine fast gespenstische Atmosphäre. Die meisten von ihnen zählen kaum noch 30 Einwohner. Und da alles irgendwie anders war, habe ich auch mein Tagebuch mal im Rucksack gelassen.

Die Zeit allein in dieser erhabenen Landschaft habe ich genutzt, um meine Gedanken bezüglich Gott zu sortieren. Das Fazit fällt leider ernüchternd aus: Wir scheinen einfach zu viel über die Bibel und ihre Entstehung zu wissen, als dass es mir aus rationaler Sicht noch möglich wäre, den Glauben zu bewahren. Da wären etwa die Zweifel am Wahrheitsgehalt der fünf Bücher Mose, in denen Gott seine wichtigsten Auftritte hat. Und warum wirkt der Erschaffer der Welt eigentlich nur im Raum Palästina? Warum schlägt er sich dort auf die Seite eines kleinen Völkchens und führt Krieg gegen andere Teile seiner Schöpfung? Das ergibt doch keinen Sinn! Warum schließt Gott nicht mit allen Völkern einen Bund, um eine gerechte Welt nach seinen Vorstellungen zu formen? Und warum lässt er die Australier, Amerikaner und Chinesen so völlig im Unklaren über seine Existenz?

Trotz allem werde ich die Hoffnung nicht aufgeben, dass ich mich irre. Denn ohne Gott ist diesem Leben so viel schwerer ein Sinn abzuringen als mit ihm. Vielleicht hat er seine Spuren ja nur gründlich verwischt, um uns auf die Probe zu stellen. Sollte dem so sein, falle ich gerade gnadenlos durch.

Das romantisch zwischen Bergen gelegene Kloster Santo Toribio ist ein echtes Kleinod. Das Jesuskreuz in der Kirche zu berühren, war jedoch unspektakulär. Ein älterer Mönch in Kutte hatte es feierlich für eine spanische Reisegruppe und mich aus dem Tabernakel geholt und in eine Wandnische gelegt. Genau genommen handelt es sich bei der Reliquie um zwei kleine Holzstücke, die in ein filigranes goldenes Kreuz gefasst sind. Am liebsten hätte ich es genauestens unter die Lupe genommen, es umgedreht, geschüttelt und daran gerochen – doch ich hatte Angst, das Kreuz durch eine unbedachte Handlung zu entweihen. Die Gebrauchsanweisung hatte der Mönch nur auf Spanisch verlesen. Alles, was ich verstanden habe, war: keine Fotos!

Nach einer knapp 50-minütigen Fahrt steige ich in Unquera wieder aus dem Bus. Dadurch kürze ich den offiziellen Jakobsweg um etwa drei Kilometer ab. Was solls. Nach Serdio latsche ich bestimmt nicht zurück. Also weiter. Und so spaziere ich um 9.15 Uhr bei angenehmen 16 Grad und Sonnenschein über eine Brücke nach Asturien. Unglaublich: Schon meine vorletzte Region. Dabei hatte ich mit Kantabrien gerade erst meinen Frieden geschlossen. Das regnerische Wechselbad der Gefühle zu Beginn war ein echter Test. Aber ich habe auch viel gelernt: zum Beispiel meinen Jakobsweg in vollen Zügen zu genießen.

Asturien beglückt mich mit einem Begrüßungsgeschenk: Gerade habe ich mir an der Theke einer Bäckerei zwei Schokoladenbrötchen ausgesucht, da tippt mir jemand von hinten auf die Schulter. Erschrocken fahre ich herum und traue meinen Augen nicht. Vor mir steht eine kleine, etwas rundliche und leicht ergraute Frau mit rosigen Wangen. Ich fasse es nicht ... „Anna!“, entfährt es mir voller Freude, als ich die Übeltäterin erkenne. Auch der Belgierin steht die Überraschung ins Gesicht geschrieben.

„Das ist doch nicht möglich“, flüstert sie ungläubig. „Du müsstest mir 100 Kilometer voraus sein.“

„Bin ich aber nicht“, beruhige ich sie. Und nachdem ich ihr versichert habe, dass ich kein Gespenst bin, fällt sie mir sichtlich ergriffen um den Hals. „Ich dachte schon, meine Augen spielen mir einen Streich. Endlich treffe ich mal jemanden wieder“, seufzt die nun ehemals einsamste Pilgerin der Welt erleichtert.

Es ist rührend, wie sehr sich Anna über das Wiedersehen freut. Und mir geht es nach meiner einsamen Bergtour genauso.

Dass wir die nächsten Kilometer zusammen laufen, steht außer Frage. Anna trinkt nur noch fix ihre auf einem Tisch wartende Tasse Kaffee leer, dann ziehen wir los. Und es ist großartig. Zwar komme ich an ihrer Seite nicht sonderlich flott voran, aber dafür verstehen wir uns blendend und vertiefen uns wie beim letzten Mal in intensive Gespräche. Die wären sowieso nichts für Sprinter. Umso bedauerlicher ist unsere Diskussion nach gut einer Stunde.

Die Belgierin will mich partout nicht auf eine direkt am Meer gelegene Wiese begleiten. Dabei soll diese meinem Wanderführer zufolge zu den schönsten Abschnitten des gesamten Caminos zählen. Anna ist jedoch gar nicht angetan von der Idee, den offiziellen Weg auf unbefestigtes Terrain zu verlassen. „Ich bin doch keine 30 mehr“, protestiert sie mit in den Seiten gestemmten Armen. „Ich bin ein altes Klappergestell und darf es mir nicht schwerer machen als nötig.“

Doch mein Entschluss steht fest: Ich schleppe diese Omi jetzt auf die Wiese, koste es, was es wolle. Wir lachen viel, führen gute Gespräche und sind ein tolles Gespann. Es wäre Wahnsinn, schon wieder auseinanderzugehen. Den Höhepunkt des Tages, die sogenannten Bufones, die Geysiren ähneln sollen, lasse ich mir aber nicht entgehen. Da bleibe ich stur!

Nach zähen Verhandlungen gibt Anna klein bei und folgt

mir durch eine Lücke im Gebüsch – mitten hinein in ein echtes Abenteuer. Durch Gräser, Heidekraut und gelben Ginster stolpern wir direkt auf die senkrecht ins Meer stürzenden Klippen zu. Das Geläuf ist nicht wirklich nach Annas Geschmack, aber Vorwürfe macht sie mir keine. Dafür sind die Blicke auf die sonnenbeschienene Steilküste und die an den Felsen zerberstenden Wellen viel zu schön. Hier sieht es aus, wie ich mir die rauen Küsten Irlands vorstelle.

Der Untergrund wird immer steiniger, und teilweise muss ich Anna an die Hand nehmen, um sie über holprige Stellen oder Mini-Schlünde zu führen. Nach einer Weile übernehme ich sogar ihren Rucksack, damit sie es leichter hat. Was der 80-jährige Hiroto kann, das kann ich auch. Denkste! Mit der Rundum-Panzerung wanke ich wie ein Schiff auf hoher See. Wie schafft der Japaner das nur?

Einmal gerate ich sogar nahe dem Abgrund ins Taumeln, sodass Anna nach mir schnappen muss, damit ich nicht ins Wasser falle. „Hey, du trägst meinen Rucksack, also gib ein bisschen acht“, ermahnt sie mich mit spöttelnder Stimme.

Auf der Wiese müssen wir jetzt ständig aufpassen, wohin wir treten. Immer wieder kommen wir an grummelnden Felsspalten inmitten des Grüns vorbei, den sogenannten Bufones (zu deutsch: Narren). Manche sehen aus wie längliche Schlünde, ähnlich den weit aufgesperrten Schnäbeln von Vögeln, andere sind kreisrund. An einem solchen felsigen Krater lassen wir uns nieder und warten auf den großen Moment.

Die Grube ist rund zehn Quadratmeter groß und führt trichterförmig in die Tiefe. Als hätte ein Riese vor 3000 Jahren ein Loch gebuddelt. In Wahrheit haben sich die mächtigen Wellen in das poröse Gestein der Klippen gegraben und so viel Material abgetragen, dass Höhlen entstanden sind. Irgendwann ist dann die Decke eingestürzt, und es hat sich wie bei Walen eine Art Blasloch gebildet, nur größer. Bei starkem Seegang rauscht das Wasser mit einem derart hohen Druck in die Höhlen, dass meterhohe Fontänen aus dem Boden schießen.

Leider ist davon heute nichts zu sehen, das Meer ist einfach zu ruhig. Wir hören es in diesem Loch nur prusten, atmen und stöhnen, schnaufen und fauchen. Anna hört es gar schnarchen. Es sind in jedem Fall mystische Geräusche, die das Wasser unterirdisch entfacht.

Für mich steht fest: Das schaue ich mir genauer an. Unter Annas entsetztem Blick klettere ich über die Felsvorsprünge in den Schlund des Bufóns und lande auf einer kleinen sandigen Ebene mit warmen Pfützen voller Mini-Fische. Neugierig hocke ich mich hin. Durch den Stollen kann ich das offene Meer sehen und wie das Wasser gegen die Felswände spritzt. Beeindruckend!

Wäre ich ein Pirat, würde ich genau an diesem Ort meinen Schatz verbuddeln, darauf vertrauend, dass sich der Meeresgott Neptun jeden Räuber einverleibt, der es wagt, meiner Grotte zu nahe zu kommen. Und die Menschen würden sich die Legende erzählen, dass das Grummeln der Felsspalten das Schnauben des alten Piraten ist, der seinen Schatz bewacht und Unbefugte das Fürchten lehrt. „Du hast eine blühende Fantasie“, stellt Anna fest. Das nehme ich als Kompliment.

Auf unserem weiteren Weg kommen wir an grasenden Ziegen vorbei, an verträumten Felsenbuchten, an einer düsteren Tropfsteinhöhle, in die wir uns dann doch nicht hineintrauen, und an kleinen idyllischen Stränden mit weißem Sand. Und eine Hälfte von uns begeistert sich auch für den gelben Ginster.

Dieser Abschnitt wird schöner und schöner und ist ein Vergnügungspark für Naturliebhaber. Asturien trägt an der kantabrischen Grenze ganz schön dick auf.

In einem kleinen Dorf gönnen wir uns ein ausgiebiges Mittagessen. Anna hat hier ein Zimmer gebucht, weiß aber nicht mehr, in welcher der drei Pensionen. Unser Gespräch wird noch mal intensiv, und ich erzähle ihr von meinen Zweifeln an Gott. Das Thema brennt mir nun mal unter den Nägeln. Ihre Reaktion macht mich fertig:

„Aber Junge!", wischt sie meine Bedenken mit einer simplen Handbewegung beiseite. „Du versuchst ja, Gott mit dem Kopf zu begreifen, wie soll das denn gehen? Ich halte mich allein an mein Herz."

Tja, Schachmatt in einem Zug. Ich komme mir auf einmal so blöd vor – wie ein Schüler, der freiwillig aufzeigt und die dümmstmögliche Antwort gibt. Da versichert mir eine kluge ältere Frau mit all ihrer Lebenserfahrung, dass es Gott nun einmal gibt, und ich versuche, sie vom Gegenteil zu überzeugen mit dem Hinweis, dass ich auf Seite 367 der Bibel einen Satz markiert habe, der mir nicht ganz logisch erscheint. Ich sollte ihrer Weisheit schon ein bisschen mehr entgegenzusetzen haben.

„Für mich gab es nie einen Zweifel daran, dass Gott existiert", fügt Anna voller Überzeugung hinzu. „Wann immer ich alleine war, nachdem mein Vater zum Beispiel viel zu früh gestorben ist, war Gott für mich da. Ich habe mich manches Mal allein gefühlt, aber niemals einsam. Auch jetzt nenne ich mich zwar die einsamste Pilgerin der Welt, aber wenn ich in Richtung Himmel schaue, wird mir warm ums Herz, und ich weiß, dass eigentlich alles in Ordnung ist. So war es schon immer. Da brauche ich in meinem Kopf nichts zu zergrübeln."

Ich beneide Anna um ihren unerschütterlichen Glauben, und vielleicht hat sie recht! Ich habe es nach unserer ersten Begegnung in Santillana del Mar ja selbst geschrieben. Meine These lautete: Bei unserer Welt handelt es sich wie bei der Altamira-Höhle um ein Abbild, und unsere Verbindung zur Wahrheit ist die Liebe Gottes in unseren Herzen. Vielleicht sollte ich dort mal nach Spuren von ihm graben und weniger in meinem unaufgeräumten Kopf. Einen Versuch ist es allemal wert.

Dann haut Anna noch so einen Satz raus, der voller Wahrheit steckt. „Ich habe überhaupt einen großen Vorteil gegenüber all den Ungläubigen mit ihrem Yolo-Gesülze ... Ja, ich habe wie gesagt Enkel", gluckst sie ob meines verdutzten Blickes.

„Entschuldigung", lache ich.

„Was auch immer mir im Leben widerfährt, ich bin dankbar für alles Gute. Und wenn mich der Herrgott einst abberufen wird, werde ich in Frieden gehen, denn ich hänge der altmodischen Vorstellung an, dass das Leben nach dem Tod erst richtig beginnt. Dann wartet die Ewigkeit auf mich, mein Junge, da kann ich über die Du-lebst-nur-einmal-Kinder, die sich abhetzen und doch nicht genug kriegen, nur herzhaft lachen. Ich will einfach nicht glauben, dass der Tod das letzte Wort haben soll. Das würde doch keinen Sinn ergeben. Ich bin der festen Überzeugung: Das Beste liegt noch vor uns, und es gibt keinen Grund, im Leben irgendetwas zu erzwingen!“

Annas Einstellung, ihre Ruhe und Gelassenheit sind beeindruckend. Dieses herzliche Lächeln, dieser wissende, nie belehrende Ton – da hat jemand seine Wahrheit gefunden. Und ich stimme ihr zu: Eine überzeugte, in sich ruhende Christin ist mir allemal lieber als ein hysterischer Atheist, der dem Geschehen hier auf Erden einen Wert beimisst, den es womöglich gar nicht verdient, weil er sich außerhalb dessen nichts vorzustellen imstande ist.

Dann heißt es Abschiednehmen, dieses Mal vermutlich für immer. Entsprechend gefühlsduselig sind wir, als wir einander zum letzten Mal gegenüberstehen. Während ich von dannen ziehe, drehe ich mich noch unzählige Male nach Anna um, denn sie will einfach nicht aufhören zu winken. Ich hoffe, diese faszinierende Frau schafft es bis nach Santiago. Ihren Rucksack muss sie von nun an wieder alleine tragen.

Bis nach Llanes sind es noch 14 Kilometer, und die Strecke bleibt eine Wucht. Auf einem 150 Meter hoch gelegenen Panoramaweg mit Blick auf die Dächer der Stadt und das im Sonnenschein glitzernde Meer nähere ich mich meinem Ziel. Das wird auch höchste Zeit, denn ohne Anna fühle ich mich auf einmal müde und spüre den Muskelkater in meinen Beinen. Die beiden Tage in den Bergen haben Spuren hinterlassen.

Meine heutige Herberge befindet sich noch wenige Kilometer von Llanes entfernt. Sie ist Teil eines großen Bauernhofs und liegt im Grünen an einem Hang.

Beim Abendessen lerne ich den kahlköpfigen Nigel und die rothaarige, Lippenstift tragende Amanda kennen, feine englische Eheleute jenseits der 50, die sich humorvoll darüber beschweren, dass ihnen an Regentagen jeder einen Heimvorteil attestiert. Und die beim Essen die schlimmsten Klischees bestätigen, als Nigel seiner Frau zwei Baguettehälften vor die Nase hält und sie ohne Ironie darum bittet, ein paar Pommes dazwischenzuschieben. „Wir nennen das Chip Butty", verkündet der Engländer stolz und beißt genüsslich in sein mit Pommes gefülltes Brötchen. Dann mal guten Appetit!

Das Witzigste ist: Ich habe zunächst „Chipbiatta" verstanden und es für ein gelungenes Wortspiel gehalten. Doch der alte Engländer meint es ernst und nimmt einen weiteren Bissen. Amandas Gesichtsausdruck verrät, dass das eher so ein Männerding ist – wie Spare Ribs, wo der Jäger-und-Sammler-Trieb noch mitisst.

Um 20.00 Uhr trete ich noch einmal an die Schwelle zwischen Herbergsgrund und Jakobsweg. Es dämmert bereits, und am Himmel funkeln die ersten Sterne. Da höre ich links vom Hang kommend Getrappel und ein Klackern. Als die Person hinter dem Gebüsch zum Vorschein kommt, bin ich mir zunächst sicher, ein Gespenst zu sehen, und zucke heftig zusammen. Auch der Mann knapp jenseits der 40 weicht erschrocken zurück und fällt beinahe hintenüber.

„David!"

„Joe-hännes!"

Unfassbar! Mein Weg in die Berge hat wahre Wunder bewirkt. Erst Anna und jetzt der Amerikaner David, seines Zeichens ärgster Feind der Zwölf Stämme und Kunstkritiker aus Bilbao. Ich bin überglücklich, ihn zu sehen.

Zur Begrüßung vermassele ich leider unseren Harry-Potter-Gag, indem ich sage: „Die Geräusche des Nimbus 2000 würde ich überall wiedererkennen.“ Dummerweise handelt es sich beim Nimbus 2000 aber nicht um Harrys Zauberstab, sondern um seinen Besen. David schließt mich trotzdem lachend in die Arme.

Zusammen setzen wir uns auf einen Stein und tauschen uns über die zurückliegenden Tage aus. Viel Zeit haben wir jedoch nicht: David hat sich ein Zimmer in Llanes gebucht und muss dort rechtzeitig ankommen. Schon morgen wollen wir uns aber wiedersehen und endlich einmal einen Tag zusammen verbringen. Na, das kann was werden! Ich soll ihn einfach um 9.00 Uhr vor seiner Pension einsammeln, deren Name er auf einen Taschentuchfetzen kritzelt. Darauf freue ich mich schon riesig.

26. Mai 2019

Pría – Der Geist des Jakobsweges

NACH MEHR ALS ZWEI Wochen Jakobsweg ist es Zeit für ein Geständnis: Ich, Johannes Zenker, gebe immer weniger acht auf Hygiene. Richtig gelesen. Anfangs war ich penibel darauf bedacht, nicht einen Millimeter der oft ranzigen und fragwürdig befleckten Matratzen mit irgendetwas anderem zu berühren als mit meinem Schlafsack. Hautkontakt? Ein absolutes No-Go! Allein die Vorstellung, wer sich in diesen Betten schon alles geräkelt haben könnte, verursachte Ausschlag bei mir.

Doch eines Nachts kommt der Moment, in dem man aufwacht und merkt: Verdammte Naht, jetzt liegt dein nacktes, ungeschütztes Gesicht auf der widerlichen Matte, und du bist viel zu müde, um an der misslichen Lage etwas zu ändern. Ehe man schlagartig wieder ins Koma fällt und am anderen Morgen überrascht zur Kenntnis nimmt, dass man noch immer am Leben ist. Und so verfliegt die Scheu mit jedem folgenlosen Kontakt ein bisschen mehr, bis man sich auf den Matratzen suhlt wie eine Wildsau im Dreck.

Wie komme ich darauf? Heute Nacht haben sich die Ecken meines sonderbaren Einmal-Bettlakens gelöst, das in dieser Herberge jeder Pilger erhält. Beim Aufwachen klebt meine linke Wange an der gummiartigen Matratze. Natürlich hinterlässt sie einen schönen fettigen Abdruck. Grüße auch an meinen Nachmieter. Ich hoffe, er ist genauso abgehärtet wie ich. Das lumpige Laken versenke ich direkt im Müll. Wirklich eine tolle Erfindung!

Die zweite Nachlässigkeit betrifft meine Waschmoral. In den ersten Tagen habe ich gewissenhaft darauf geachtet, dass ich jeden Morgen ein gewaschenes T-Shirt anziehe, eine frische Unterhose trage und ein sauberes Paar Socken. Das – ich bekenne mich in allen drei Fällen schuldig – lässt sich gar nicht durchhalten. Mal kommt man zu spät in der Herberge an, und mal ist das Wetter zu schlecht, als dass die Kleidung noch trocknen könnte. Von daher gilt: Lieber nach Schweiß müffeln als nach feuchten Klamotten. Komme mir richtig eklig vor, während ich das nur schreibe. Zum Glück hat die Herbergsmutter gestern den kompletten Inhalt meines Rucksacks in ihre Waschmaschine geschmissen. Eine echte Wohltat – sowohl für mich als auch für meine Umgebung.

Nur in einem Punkt bleibe ich eisern: Duschen betrete ich ausschließlich in Badelatschen! Auf Fußpilz hab ich keine Lust.

Heute Morgen bin ich ganz schön aufgeregt. Wie wird das wohl werden mit David? Und halten wir es lang miteinander aus? Zwar sehne ich mich nach einem engeren Kontakt, doch weiß ich auch meine Freiheit zu schätzen.

Vor der Herberge in Llanes wartet dann eine faustdicke Überraschung auf mich: Vom amerikanischen Hünen ist nichts zu sehen – dafür leuchtet mir schon von Weitem ein orangefarbenes T-Shirt entgegen. Das ist doch … oder nicht?

Auf einer Bank vor dem historischen Gebäude blättert Altenpflegerin Julia in ihrem Reiseführer. Das wird ja immer besser! Als sie mich sieht, strahlt sie über beide Ohren, springt auf und winkt mich euphorisch herbei. Wenn ich mir nur eine weitere Person hätte herbeiwünschen können, wäre sie es gewesen. Mit ihr hatte ich einen meiner vergnüglichsten Momente, als ich geradezu aus ihr herauskitzeln musste, dass Teufelsanbeter Richard sie fast zu Tode erschreckt hat.

Erst jetzt fällt mir auf, dass die Mannheimerin eigentlich gar nicht mehr hier sein dürfte. „Sind deine zwei Wochen nicht schon lange rum?“, frage ich verwirrt.

Julia lacht. Ihre logische Erklärung lautet: „Nach dem ganzen Regen konnte ich doch nicht einfach abreisen, oder? Ich habe meinen Flug günstig umbuchen können und hänge noch ein paar Tage dran.“ Als sie meinen ungläubigen Blick sieht, fügt sie fröhlich hinzu: „Ich sagte ja: Mein Arbeitgeber ist kulant!“

Dazu muss man wissen, dass Julia bei einem kirchlichen Träger beschäftigt ist. Ihre Vorgesetzten finden es richtig dufte, dass sie so gerne pilgert, und haben ihr kurzerhand noch ein paar freie Tage spendiert. Die sie natürlich irgendwann nacharbeiten muss, aber das ist jetzt erst mal egal.

Wie sich herausstellt, haben sich Julia und David erst gestern kennengelernt und sind dabei auch irgendwie auf mich zu sprechen gekommen. Daher wusste Julia, dass ich kommen würde, und wollte auf mich warten. Wie lieb!

David und sie haben sich auf Anhieb gut verstanden. Dass die Mannheimerin uns begleitet, ist daher schnell beschlossen. Julia scheint ihr Glück kaum fassen zu können, denn sie war in den letzten Tagen auch zumeist allein unterwegs.

Der Amerikaner sieht wieder blendend aus. Braun gebrannt, mit wuscheligem blonden Haar, legt er seine Arme um unsere Schultern und gibt den verbalen Startschuss: „Vamos!“

Zunächst erkunden wir die Altstadt von Llanes, in der schon jede Menge Kellner damit beschäftigt sind, Tische und Stühle vor die Cafés zu stellen. Die Sonne scheint, und in den Straßen wird es minütlich voller.

Nach einiger Zeit linst Julia verstohlen in Richtung Boden und runzelt die Stirn, offenkundig unentschlossen, ob sie etwas sagen soll. Bis sie auf einmal einen Satz nach vorne macht, sich vor uns aufbäumt und mich mit einem Anflug von Empörung ins Visier nimmt.

„Du trägst diese Latschen ja immer noch“, prasselt es auf Deutsch aus ihr heraus.

David macht große Augen und tippelt bedächtig zwei Meter zurück. In dieser Auseinandersetzung, in der er kein Wort versteht, mimt er lieber die Schweiz.

„Die sind ja völlig hinüber!“, lautet Julias vernichtendes Urteil angesichts des schrumpeligen Leders. Kurzerhand fordert sie mich dazu auf, meine Füße wie bei einer Kontrolle am Flughafen nach hinten anzuwinkeln. Was sie dann zu Gesicht bekommt, gefällt ihr gar nicht. „So was Miserables habe ich auf dem Jakobsweg noch nie gesehen. Die Sohlen sind mittlerweile glatt wie ein Babypopo. Durch die äußere Schicht schimmert sogar schon ein Wabensystem hindurch. Weißt du was?“, holt sie zum finalen Schlag aus. „Deine sogenannten Sohlen bestehen aus kleinen Hohlräumen wie bei einem Bienenstock. Nicht mehr lange, und du wirst hindurchgucken können.“

Ich kann von Glück reden, dass heute Sonntag ist. Da alle Läden geschlossen sind, bleibt mir der Gang ins nächste Schuhgeschäft erspart. Ihre Bemühungen sind sowieso umsonst. Solange ich in den Dingern vorwärtskomme, ohne Schmerzen zu haben, denke ich gar nicht daran, sie auszutauschen. Da kann sie noch so oft wiederholen, dass sie meine Latschen für ein Sicherheitsrisiko hält.

David hat unterdessen damit begonnen, sich durch ein loses und zerknittertes Bündel aus Zetteln zu wühlen. Irritiert blicken wir zu ihm hinüber. „Was denn?“, entgegnet er patzig, während eines der Blätter zu Boden segelt. „Diese Sammlung ist immer noch leichter als eure dicken Wälzer!“

Der Amerikaner hat im Gegensatz zu uns nämlich keinen Wanderführer dabei. Stattdessen hat er sich einige Etappenbeschreibungen ausgedruckt und knobelt gerade die beste Route aus. Er möchte auf keinen Fall den landeinwärts führenden Pfeilen folgen. „Wenn wir immer in der Nähe des Meeres bleiben, kann doch eigentlich nichts schiefgehen“, lautet sein Credo.

Ein paar Minuten später dringen wir über eine ewig nicht gemähte Wiese bis zur Küste vor, wo eine steife Brise weht. Schade, dass wir heute nicht an den Bufones vorbeikommen. Bei diesem Wind dürften sie sich glatt aus ihren Höhlen trauen.

Direkt am Wasser riecht es wunderbar salzig. Über Kilometer hinweg haben wir einen fabelhaften Blick auf das sich im Wind wiegende Gras, die sanft abfallenden, bis zum Meer begrünten Klippen und auf kleine Felsinseln mitten im Meer. Sofort gebe ich meine Piratenfantasien zum Besten und stoße bei David auf reges Interesse. Julia dagegen lässt sich etwas zurückfallen. „Männer“, schüttelt sie nur den Kopf.

Julia und David sind klasse. Wir quatschen über alles Mögliche, über unsere Lieblingsetappen und die kuriosesten Momente. Nur kurz scheint die Harmonie zu bröckeln: Als Julia und ich den Amerikaner über Richard aufklären, ist er kurz davor, uns einfach stehen zu lassen. David ist der festen Überzeugung, dass wir Deutschen uns gegen ihn verschworen haben und ihm einen Bären aufbinden wollen. „Ein Mensch, der nach dem Teufel sucht? Klingt zwar lustig, ist aber das Bekloppteste, was ich je gehört habe“, sagt er beleidigt.

Als Gegenargument führe ich meine zweitkurioseste Begegnung ins Feld und erzähle von einem Mann, der sich des Öfteren bei einer Sekte durchfuttert, ohne am nächsten Morgen die Zeche zu zahlen. Julias Reaktion ist pures Gold. Bevor ich die Geschichte auflösen kann, denn sie dient ja nur dem Zweck, David vom Wahrheitsgehalt der Richard-Anekdoten zu überzeugen, insistiert sie und hält nun meine Story für ausgedacht. Kilometerlang fragt sie mir Löcher in den Bauch, bis sich David endlich als der Verrückte zu erkennen gibt, der stets nur einen mickrigen Cent in die Spardose der Zwölf Stämme wirft. Julias Gesicht läuft puterrot an, und sie würde am liebsten ins Meer springen. Als sie jedoch merkt, dass David nicht böse ist, fällt sie erleichtert in unser Lachen ein.

Die beiden sind die perfekten Kameraden für mich und in ihrer Art sehr unterschiedlich. David ist die Gelassenheit in Person. Er lässt die Dinge auf sich zukommen und hält keine seiner Überzeugungen für so wichtig, dass ein Streit darüber lohnte. Julia hingegen ist ein kleines Nervenbündel, immer besorgt, dass irgendwas schiefgehen könnte, und hat mit Davids und meiner Ironie so ihre Probleme. Dann schaut sie verstört von einem zum anderen, bis sie dahinterkommt, dass wir es gerade nicht ernst meinen.

Mit zunehmender Dauer wächst bei Julia und mir die Skepsis, ob wir uns wirklich auf dem richtigen Weg befinden. Über einen abgelegenen Sandstrand zu stapfen, scheint uns so gerade noch in Ordnung zu gehen. Dass David uns daraufhin in einen matschigen, fast ausgetrockneten Meeresarm führt, kommt uns dann aber doch verdächtig vor. Den letzten gelben Pfeil haben wir in Llanes gesehen. Ständig müssen wir in diesem beckenartigen Flussbett über Pfützen springen und Rinnsalen ausweichen. Die Ufer bestehen aus undurchdringbaren Büschen. Es geht nur vor oder zurück.

An David prallen sämtliche Zweifel ab. Das habe schon alles seine Richtigkeit, versichert er uns. Immerhin hätten wir das Örtchen Póo, das eigentlich auf unserem Weg liegt, elegant umschifft. „Dürfte angesichts des Namens nicht die schlechteste Idee gewesen sein", meint er lakonisch. Dem können wir schlecht widersprechen, wenngleich wir durchaus neugierig gewesen wären, diese stadtgewordene Tretmine zu besichtigen. Für alle, die des Englischen nicht mächtig sind: Das englische Wörtchen „poo" bedeutet freundlich übersetzt so viel wie „Kothaufen".

Wenn wir nicht gerade über den korrekten Weg diskutieren oder hoffnungslos herumalbern, philosophieren wir ganz ernst über die Magie des Jakobsweges. Worin besteht seine Anziehungskraft? Und was sind seine Geheimnisse? Als Wiederholungstäter scheinen es Julia und David unheimlich spannend zu finden, einen Neuling wie mich mit Fragen zu löchern. Sie nehmen mich richtig in die Mangel, bis ich meinen Eindrücken freien Lauf lasse. Nun gut. Einen besseren Moment für ein Zwischenfazit könnte es wohl eh nicht geben, denn bei meinem Blick auf die Karte heute Morgen bin ich stutzig geworden. Zähle ich den Abstecher nach Santo Toribio dazu, habe ich bei noch ausstehenden 450 Kilometern genau die Hälfte geschafft. Ich habe zu Fuß 450 Kilometer zurückgelegt, ich kann es kaum glauben. Und abgesehen von meinem mittelmäßigen Erfolg bei der Suche nach Gott und dem Sinn des Lebens bin ich mit meinem Dasein als Pilger äußerst zufrieden.

Ich genieße es, in den Tag hineinleben zu können und meine Zeit in der Natur zu verbringen. Jeden Morgen beginnt eine neue Reise ins Unbekannte, und das Einzige, was ich weiß, ist, dass es gut werden wird. Der Jakobsweg ist die Abwesenheit des Müssens. Es ist ein bisschen wie Kindsein: unbeschwert und ohne Verpflichtungen. Vielleicht zum ersten Mal seit meiner Kindheit erlebe ich wieder das Gefühl, einen ganzen Tag verbummeln zu können. Ohne das schlechte Gewissen im Nacken, das mir permanent zuflüstert: Du könntest jetzt auch dieses oder jenes tun, mal wieder zum Zahnarzt gehen oder den Keller aufräumen. Hier tue ich nichts außer Laufen, und das mache ich gern. Was anderes könnte ich auch gar nicht machen. Der Körper ächzt, aber der Geist ist frei. Es ist alles so herrlich unkompliziert. Yoga könnte meinen Puls nicht besser senken, als es das Pilgern tut.

„Willkommen in der Familie." Mehr hat David zu meinen Ausführungen nicht zu sagen.

Julia bedenkt mich mit einem seligen Lächeln. „Ich bin mir jetzt schon sicher", sagt sie in einem andächtigen Flüsterton, „dass wir dich nicht zum letzten Mal auf einem der Jakobswege gesehen haben. Einmal Camino, immer Camino."

Ich komme mir vor wie bei irgendeinem Psychotest in einer unseriösen Frauen-Zeitschrift. Davids und Julias Reaktion zufolge habe ich die volle Punktzahl erreicht. Auf ausdrücklichen Wunsch der Mannheimerin führe ich einzelne Eindrücke aus: So finde ich es großartig, mir morgens keine Gedanken darüber machen zu müssen, welche Kleidung ich anziehe. Wie alle anderen auch trage ich, ohne dass einer blöd guckt, einfach immer das Gleiche. Und am Ende der Woche muss ich mich nicht darüber ärgern, dass ich einen Stuhl mit Hosen und Pullovern angehäuft habe, die zu dreckig sind für den Schrank, aber zu sauber für die Waschmaschine.

Auch meinen sonstigen Besitz vermisse ich nicht die Bohne. Den ganzen Kram, den ich zu Hause rumfliegen habe, kann ich getrost in die Tonne werfen. Derart glücklich, wie ich mich beim Pilgern fühle, hat mich davon noch nie etwas gemacht. Das ist nur Ballast für den Kopf. Über Dinge, die ich nicht habe, kann ich mir auch keine Gedanken machen. Sobald ich zurück bin, werde ich als Erstes ausmisten, so viel steht jetzt schon fest.

In David regt sich nun doch noch etwas. Er nimmt den Faden auf, den er bei unserem ersten Treffen in San Sebastián begonnen hat zu spinnen. Damals hat er vorausgesagt, dass der Jakobsweg meinen Kopf von jeglichem Nebel befreien werde und ich, so nackt und neugeboren, eine Chance hätte, Gott aufzuspüren. Er erläutert uns, was der Jakobsweg mit ihm und seines Erachtens mit allen Menschen macht, ob sie es nun wissen oder nicht. Julia und ich hören gebannt zu, während wir, die an Land gespülten Wellen vor Augen, über einen kleinen Bergrücken wandern.

„Die Zeit heilt alle Wunden, heißt es", setzt David in einem fast beängstigend feierlich klingenden Ton an, „doch solch ein Ortswechsel, der tut es umso mehr. Nicht umsonst bedeutet Pilgern von seinem lateinischen Ursprung her: in der Fremde sein. Er führt zu Vergessen und Vergessenwerden, und das ist es manchmal, was ich nötig habe. Diese Reise erstickt jedes Verlangen und löst uns aus allen Beziehungen, die unseren Geist in Ketten legen. Und welchen sprichwörtlichen Rucksack du auch immer hierherschleppst – es kommt der Moment, da stößt du bei jedem Thema ans Ende, da hast du jeden Gedanken gedacht. Dann setzt der Camino deine Seele zurück in den Werkszustand, er schenkt dir eine ungekannte innere Leere, ein frisch gepflügtes Feld voll namenloser Saatkörner, die endlich, nachdem das Unkraut gejätet ist, den Raum haben, zu gedeihen. Und solltest du Gott verdrängt haben und den Wunsch in dir spüren, zu ihm zu finden, erhältst du erneut die Chance dazu, ihn in dein Herz zu lassen. Was glaubt ihr, warum ihn hier so viele finden?

Warte nur ab", sagt David an mich gewandt: „Wenn du weiter so kräftig nach ihm suchst, wirst auch du ihm begegnen. Das ist das gesamte Geheimnis dieses Weges. Jeder, der sich nur darauf einlässt, findet hier die Ursache und das Ziel allen Strebens: Frieden für die Seele. Die Zeit mag alle Wunden heilen, doch auf dem Jakobsweg verheilen sogar Narben."

Julia und ich sind sprachlos. Auf den folgenden Metern lassen wir uns Davids Worte in Ruhe durch den Kopf gehen.

Dann bricht die Mannheimerin in Jubelstürme aus. „Bravo, bravo“, ruft sie. „Das ist es, David. So wunderschön könnte ich den Geist dieses Weges niemals zusammenfassen.“

Mir geht es ähnlich, und ich bin gespannt, ob sich Davids neuerliche Vorhersage bezüglich Gott auf der zweiten Hälfte meines Weges noch bewahrheiten wird. Und meine Güte, klang dieser Mensch wieder weise, fast wie ein Priester. Er hat ohne Frage diese Momente, in denen das Schlitzohrige aus seinen Gesichtszügen weicht und er eine Haltung annimmt, in der eine große Ernsthaftigkeit liegt. Das Schöne ist: Wir können ihn hinterher damit aufziehen. Julia will ihn nur noch den Propheten nennen, den Weisen aus Amerika.

David grinst nur und steckt das locker weg. „Ich weiß“, sagt er und lacht, „wahrscheinlich klang ich gerade gruseliger, als es die Zwölf Stämme jemals könnten, doch es liegt mir fern, jemanden zu bekehren. Ich schildere euch lediglich meine tief empfundene Wahrheit, wie ich es im Übrigen selten genug tue.“ Wir verstehen seine Vertrauensbekundung und gehen wieder zu verbalen Schulterklopfern über.

Nachdem wir uns in einer Kneipe etwas zu essen gesucht haben, trudeln wir gegen 20.30 Uhr nach einer nicht bezifferbaren Anzahl an Kilometern vor unserer Herberge ein. Es handelt sich um ein ehemaliges Pfarrhaus im Schatten einer Kirche, die gegenüber einer hügeligen Kuhweide steht.

Die Räumlichkeiten sind mindestens so alt wie der Hospitalero und riechen ein bisschen muffig. Dafür haben wir sie ganz für uns allein. Das ist auch mal schön. Ich bin nur ein bisschen verwirrt: Fast 50 Leute in Güemes, volles Haus in Serdio, aber seit meinem Abstecher in die Berge ist irgendwie nichts mehr los. Der Camino ist wie leergefegt. Mir soll es recht sein, solange es sich bei den wenigen Menschen, die ich treffe, um Anna, Julia und David handelt.

Nach dem Duschen ist der historische Moment gekommen, den ich mit niemandem lieber teilen würde als mit meinen Freunden Julia und David: Unter einem appetitlichen Zischen öffne ich die im Gefrierfach der Herberge gekühlte, von Tröpfchen benetzte Colaflasche und verteile ihren süßlichen Inhalt gleichmäßig auf drei Gläser. Diese Last wäre ich also los! Während ich die Geschichte meiner Eroberung – beziehungsweise meines Diebstahls, wie mich Julia in mein Tagebuch zu schreiben zwingt – erzähle, stoßen wir an auf den gelungenen Tag, auf uns und auf den Jakobsweg.

Den restlichen Abend versuchen wir Davids Jakobsweg-Manifest ins Reine zu bringen. Das muss ich unbedingt festhalten! Julia und ich bestehen darauf, dass er gefälligst jedes Wort genauso wiederholen soll, wie er es am Nachmittag gesagt hat, damit wir die beste Übersetzung finden können. Wir debattieren über jede Silbe und werden fuchsig, wenn David von seinem Redetext abweicht. Der Amerikaner findet, dass unsere deutschen Worte so gar nicht nach ihm klingen, aber er weiß es nun mal nicht besser. Und so diskutieren wir kichernd bis spät in die Nacht.

27. Mai 2019

Colunga – Die drei Musketiere

DER TAG BEGINNT denkbar bizarr. Gefühlt noch mitten in der Nacht entzündet sich scheinbar wie von Geisterhand das Licht in unserem Saal. Hilfe, was ist denn jetzt los? Als hätte jemand kalte Waschlappen auf unsere Gesichter gedrückt, schrecken David, Julia und ich stöhnend aus dem Schlaf. Der Amerikaner fällt sogar fast aus dem Bett.

„Buenos dias“, höre ich eine Stimme.

Mit zugekniffenen Augen erkenne ich im Türrahmen die Umrisse des alten Hospitaleros. So unschuldig wie möglich klingend wünscht er uns einen guten Morgen und dampft wieder ab. Wo sind wir hier denn gelandet?

Unsere Schlafmützigkeit scheint dem verschrobenen Senior ein echter Dorn im Auge zu sein, und er hat unüberhörbar einen teuflischen Plan: Denn während wir uns noch verstört die Augen reiben, dreht er das Radio im Flur auf volle Pulle. Mit einem Mal dröhnt durchs ganze Haus die spanische Version von Florian Silbereisen, ein grauenhaftes, von hektischen Gitarrenzupfern durchsetztes Gedudel mit schnulzigem Gesang, das mindestens zwei Promille erfordert, um erträglich zu sein. Die hat aber gerade keiner von uns intus, also starren wir bloß genervt ins Leere.

Kein Zweifel, der alte Knilch will uns loswerden, und zwar um jeden Preis. Dieses Folterprogramm scheint seine Variante zu sein von „8 o'clock, bye, bye". Wir haben nämlich schon 7.50 Uhr, wie ich beim Blick auf die Uhr mit Erschrecken feststelle. Die nächtliche Schreibwerkstatt hat eindeutig zu lang gedauert.

In Windeseile schlüpfen wir aus den Betten und werfen uns in Schale. Dann vereinbaren wir noch fix einen Treffpunkt für heute Nachmittag, bevor wir uns nacheinander vom Acker machen. Wir alle haben das Bedürfnis, etwas allein zu sein.

Der gestrige Tag zu dritt war wunderschön, aber mir fehlte es auch, in meinem eigenen Rhythmus über den Weg zu tänzeln und meinen Gedanken freien Lauf zu lassen. Ich bin und bleibe eben ein Eigenbrötler. Außerdem hat mir David Hausaufgaben gegeben, die für eine Gruppenarbeit nicht infrage kommen. Er hat uns gestern eröffnet, dass sein großer Bruder vor gut zehn Jahren Selbstmord begangen hat. Dieses Ereignis sei auch ausschlaggebend für seine erste Pilgerreise gewesen. Jetzt wolle er von mir wissen, ob sein Bruder aus meiner Sicht nicht alles richtig gemacht habe, wenn das Leben so sinnlos sei, wie ich manchmal behaupte. Das hat mich ganz schön erschüttert, und ich habe um Bedenkzeit gebeten, damit ich nicht etwas Unüberlegtes erwidern muss.

Und so grüble ich über Selbstmord nach, während ich – wie passend – in eine diesige Front marschiere. Ringsherum sieht alles grau aus, selbst die Wiesen und bewaldeten Hügel. Die Wolken liegen erdrückend tief auf dieser ländlichen Idylle und hüllen alles, was sich mehr als 15 Meter über meinem Kopf abspielt, in einen undurchsichtigen Schleier. Als Sahnehäubchen setzt auch noch Nieselregen ein, der wie eine dunstige Decke vom Himmel fällt. Hurra, es ist mal wieder Zeit für meinen Poncho. Der Weg ist trotzdem toll, und dank Julia und David habe ich etwas, worauf ich mich freuen kann.

Mit meiner eng zusammengeschnürten Kapuze auf dem Kopf schiebe ich mich wie ein verkappter Mönch voran. Auf den nächsten zehn Kilometern geht es überwiegend auf einer Schotterpiste zwischen Wiesen, Wäldern und Gehöften entlang. Von den Bergen ist nichts mehr zu sehen, sie verlieren sich genauso wie das in Hörweite kommende Meer im mausgrauen Einerlei. Eine gespenstische, zermürbende Atmosphäre – eigentlich perfekt, um in eine etwas schwermütige Stimmung zu geraten, wäre da nicht dieser fröhliche Singsang, dieser dämliche Ohrwurm aus dem Radio des Hospitaleros, der sich jedem geistreichen Gedanken mit verschränkten Armen in den Weg stellt.

Vielleicht hilft es, mich im Stile meiner früheren Deutschlehrerin zu ermahnen, die immer, bedrohlich vor meinem Tisch stehend, krähte: „Wenn ich um ein bisschen mehr Konzentration bitten dürfte, Herr Zenker."

Nun gut: Könnten meine Anschauungen also Selbstmord rechtfertigen? Das möchte ich auf keinen Fall! Aber Davids Einwand scheint mir berechtigt zu sein: Sollte das Leben so sinnlos sein, wie ich es im Falle der Nicht-Existenz Gottes für möglich halte, könnte es aus rein theoretischer Sicht nach einer logischen Konsequenz klingen, Suizid zu begehen. Wozu länger quälen als nötig, wenn ich mich nach dem Tod sowieso nicht mehr an meine Zeit auf Erden erinnern kann?

Genau in dieser Annahme liegt jedoch auch meine argumentative Chance: Wenn ich mich nach dem Tod an mein Leben nicht mehr erinnern können sollte, dann würde es doch zumindest vom Ende her betrachtet keinen Unterschied machen, ob ich mich 30 oder 80 Jahre lang auf dieser Erde abgemüht habe. In dem Moment, in dem Bewusstsein und Erinnerung auf ewig erlöschen würden, würden 80 Jahre Schmerz genauso zum Nichts werden wie 30. Zeitspannen spielten dann keine Rolle mehr, das Ergebnis wäre in beiden Fällen das gleiche. Sich umzubringen, mag wie ein Ausweg wirken und führt doch in dieselbe Sackgasse, in der wir alle landen. Nach Trost und Hilfe zu suchen, sich anderen Menschen anzuvertrauen, ist eindeutig die bessere Wahl. Womöglich wartet der Sinn des Lebens schon hinter der nächsten Ecke.

Leid zu verkürzen, könnte ja nur dann sinnvoll sein, wenn nach dem Tod die Erinnerung bliebe und Besserung winken würde. Nach allem, was wir erahnen können, ist die Voraussetzung dafür aber Gott. Und sollte der existieren, müssen wir ihm unterstellen, dass er sich bei jedem Leben, egal wie es verläuft, etwas gedacht hat. Und dass er früher oder später, im Dies- oder Jenseits, für Gerechtigkeit sorgt. Aus diesem Grund kann Selbstmord auch für Menschen, die an Gott glauben, niemals eine Option sein. Von daher, lieber David: Aus meiner Sicht hat dein Bruder nicht das Richtige getan.

Obwohl der Regen heute nicht besonders stark ist, saugen sich meine Schuhe nach und nach voll Wasser. Das kenne ich ja schon. Meine größte Gefahr sind Grashalme, die auf den Weg ragen und mich, sobald ich gegen sie laufe, mit Tropfen bewerfen. Meine Hose schlabbert immer wieder feucht und kalt gegen die Beine. Brr.

Unterwegs passiere ich einige kleinere Orte wie Ribadesella und La Isla. Im Sommer sind das wahre Touristenmagneten, die ihre Einwohnerzahlen von ein paar Tausend um ein Vielfaches steigern. Heute wirken sie eher wie traurige Geisterstädte aus einem alten Schwarz-Weiß-Film. Einziger Farbtupfer inmitten dieser Tristesse ist Julia, die in ihrem orangefarbenen T-Shirt in einem Café sitzt und einen Tee schlürft. Mit einem Lächeln winke ich ihr zu und überhole sie.

Andere Pilger sehe ich kaum, dafür bevölkern umso mehr Schnecken den Weg, und zwar jene putzigen Kerlchen mit Häuschen auf dem Rücken. Irgendwie sind das ja unsere Leidensgenossen: tragen ihren gesamten Hausrat mit sich herum und kommen nur schleppend voran.

Die Spuren auf dem Pflaster verraten mir, dass nicht alle Kriechtiere den geplanten Ausflug ans Meer überleben. Und so halte ich jedes Mal die Luft an, wenn ich den Blick über die ergraute Küste schweifen lasse und es plötzlich unter meinen Füßen anfängt zu knirschen. Zum Glück habe ich bisher immer nur Teile von eh schon zerbrochenen Häuschen noch weiter zertreten.

Als wir uns nachmittags in Colunga treffen, scheint schon wieder die Sonne. Julia hat mich kurz zuvor eingeholt, und so legen wir die letzten Schritte der 30-Kilometer-Etappe gemeinsam zurück. Zu unserer Überraschung werden wir vor dem Hotel bereits vom eigentlichen Nachzügler David erwartet, der lässig an einer Mauer lehnt. Komisch, keiner von uns hat ihn den ganzen Tag über gesehen.

„Fragt nicht“, sagt er und grinst. Schon klar. Wahrscheinlich hat sich der Schlingel in den nächstbesten Bus gesetzt, um vor dem Regen zu fliehen, denn seine Kleidung sieht verdächtig trocken aus. Darauf angesprochen, schüttelt er den Kopf und streitet sämtliche Verdächtigungen ab. Weitere Fragen? Nicht gestattet! Er verpasst uns einen Maulkorb. Ich hake trotzdem nach und treibe ihn zunehmend in die Enge. Als ich auf seine ebenfalls staubtrockenen Schuhe verweise, holt er zum fiesen Befreiungsschlag aus.

„Ich setze eben auf qualitativ hochwertiges Material“, schleudert er mir mit einem verschmitzten Lächeln entgegen, um mit funkelnden Augen hinzuzufügen: „Aber sag mal: Wie ist es denn um deine Schuhe bestellt? Sind die wasserdicht?“

Das ruft zu meinem Leidwesen und von David natürlich genau so beabsichtigt Julia auf den Plan. Ganz schön gehässig, der Amerikaner. Sie, die gerade noch mit verschränkten Armen auf meiner Seite stand, mustert mich plötzlich von oben bis unten und zieht schockiert meine durchtränkten Füße aus den durchnässten Schuhen. Daraufhin ist David fein raus, und ich darf mir zum wiederholten Mal einen Vortrag über Fußgesundheit und Knieschmerzen anhören, den der Amerikaner zu allem Überfluss mit grunzenden Lauten der Zustimmung untermalt.

Wie besprochen hat David für uns ein Dreibettzimmer in einem kleinen, urigen Hotel gebucht. Insgesamt kostet es uns 54 Euro. Nachdem Julia und ich gestern die Unterkunft ausgesucht haben, war heute der Amerikaner an der Reihe, und David ist eher ein Pensionstyp. Von Schnarchern, Fußpilz, Bettwanzen und dem Geruch alter Socken hat er die Nase voll.

Leider wird es das letzte Mal gewesen sein, dass wir zusammen übernachten. Schon morgen werden sich unsere Wege im Laufe des Tages wieder trennen: Während ich dem Camino del Norte in Richtung Gijón folge, nehmen Julia und David Kurs auf die asturische Hauptstadt Oviedo. Für Julia wird die Reise dort enden. David dagegen will bloß seine Sightseeing-Lücken im Norden Spaniens füllen. Danach kommt er zurück ans Meer, und wir sehen uns hoffentlich wieder. Mag gar nicht daran denken, dass unser Grüppchen bald Geschichte ist. Obwohl wir uns noch nicht lange kennen, bedeuten mir diese Menschen viel.

Da es noch früh ist, der Himmel immer mehr aufklart und das Hotel im Gegensatz zu den Herbergen nicht um 22.00 Uhr verriegelt wird, nehmen wir uns ein Taxi ins vier Kilometer entfernte Lastres. Das Küstenstädtchen ist traumhaft gelegen. Es sieht aus wie auf Treppenstufen errichtet, die einen Hang umrunden. Jede Häuserreihe wird von der jeweils dahinterliegenden überragt. So haben alle einen schönen Blick aufs Meer.

Um unseren letzten gemeinsamen Abend gebührend zu feiern, gehen Julia, David und ich schick essen. Pappsatt suchen wir uns danach ein gemütliches Plätzchen unter dem Sternenhimmel und landen auf einer breiten Mauer vor einer Böschung. Der Blick ist fantastisch. Weit unter uns schimmert sanft im Mondschein das Meer, das friedlich kleine Wellen an den Strand spült, und im Hintergrund sind schemenhaft die Berge zu erkennen. Ich will hier gar nicht wieder weg.

Der Abend ist fabelhaft. Mal reden wir und lachen, mal verdrücken wir eine Träne, und mal richten wir unsere

Blicke einfach nur schweigend in die Tiefe der Nacht. Zwischendurch lauschen wir auf das Konzert der Grillen oder verfolgen mit unseren Augen einen Nachtfalter, der flatternd eine Laterne umkreist. Wir sind müde, ein bisschen träge und werden nachdenklich.

Ich berichte von meinen Erkenntnissen in Bezug auf Suizid, die David zufriedenstellen. Er hingegen macht mal wieder seinem Ruf als Weiser aus Amerika alle Ehre und haucht nach schweren Seufzern vom Wein geschwängerte Sätze in die Nacht wie: „Dein Rucksack ist so groß wie deine Angst" oder „Pilgern ist keine Laune, sondern eine Lebenseinstellung." Wer hier auf nett mache, aber zu Hause wieder zum Dummkopf werde, der sei zwar gepilgert, aber noch lange kein Pilger.

Wir werden richtig melancholisch, und jeder packt seine Jugendsünden aus. Wir sind brutal ehrlich und lassen die Hosen voreinander runter. Nur Julias Beichte fällt erstaunlich kurz aus, was David und mich aber eigentlich nicht wundert. „Julie, mach mal so richtig einen drauf", rät ihr David mit vom Alkohol gelockerter Zunge, was die Altenpflegerin mit einer emporgezogenen Augenbraue quittiert.

Danach quatschen wir über unsere Lieblingsplätze und sind alle kurz davor, diese Mauer zu nennen. Doch das gilt nicht. Ich entscheide mich schließlich für die Aussicht vom Jaizkibel am ersten Tag, Julia hat sich in Santillana del Mar verliebt, und David zeigt uns Fotos von einem beeindruckend gelegenen Leuchtturm, den Julia und ich nicht kennen. Auf dem Bild sehe ich, wie in schwindelerregender Höhe eine Art Brücke aus Hunderten Steinstufen von den Klippen zu einer kleinen Felsinsel führt, auf welcher der besagte

Leuchtturm steht. „Das ist der Faro del Caballo“, schwärmt David. „Mehr als 700 teils verwitterte Treppenstufen hin und wieder zurück. Mordsanstrengend, aber jede Schweißperle wert!“ Dieser Höhepunkt hätte sich kurz hinter Santoña befunden.

Selbst nach Mitternacht schafft es nichts, uns von diesem Ort zu vertreiben. Nachdem David und ich gestern unsere Bekenntnisse zum Jakobsweg abgelegt haben, ist heute Julia dran. Ihre wichtigste Lehre von vier Pilgerreisen: Sei einfach du selbst.

David wirkt gar nicht begeistert und lässt spontane Schnarchgeräusche hören. Der hat wirklich einen im Tee! Für diese Erkenntnis müsse man ja wohl den Jakobsweg nicht gehen, findet er. Das stünde in jedem zweiten Instagram-Profil von 15-jährigen Mädchen. Autsch, der hat gesessen!

Julia räuspert sich. „Ich bin noch nicht fertig gewesen“, verschafft sie sich mit vehementer Stimme Gehör. Sie könne diese scheinbar banale Erkenntnis auch unterfüttern. „Sei du selbst“ bedeute für sie vor allem, die eigenen Schwächen zu akzeptieren und sich trotz ihrer zu lieben. „Viele Menschen quälen sich ein Leben lang damit herum, ihre Schwächen und damit auch sich selbst zu bekämpfen. Ich glaube, das ist falsch und überhaupt nicht nötig“, sagt sie voller Überzeugung. „Es reicht, sie zu kennen und zu verstehen. Man muss wissen, wann sie zum Vorschein kommen und Besitz von einem ergreifen. Das ist allerdings unabdingbar, um die negativen Folgen in Grenzen zu halten. Wer seine Schwächen aber leugnet, der droht sich in ihnen zu verlieren.“

Manchmal lasse sich ihnen sogar etwas Positives abgewinnen. Sie zum Beispiel sei ein bisschen ängstlich, auch Menschen gegenüber. Für ihre Zurückhaltung habe sie sich immer geschämt, sie wollte mutiger sein. Doch sich selbst unter Druck zu setzen, sei das Schlimmste, was man machen könne. „Das verursacht nur schlechte Laune!“ Sie habe den ersten Jakobsweg gebraucht, um das zu begreifen. Sie werde zwar nie die erste Geige spielen, aber dafür könne sie aus dem Hintergrund ihre Mitmenschen umso besser beobachten. „Und ich habe gelernt, sie ein bisschen zu durchschauen“, sagt sie zufrieden. „Wer dagegen immer im Scheinwerferlicht steht, der sieht und weiß von seiner Umgebung natürlich nichts.“

David ist durchaus angetan und entschuldigt sich für seine kindische Reaktion. Auch ich werde mir über diese Gedanken noch den Kopf zerbrechen.

Der Amerikaner kramt seinerseits noch einmal tief in seinem Inneren und erzählt uns von seinem Bruder. Denn das würde er gerne häufiger tun, traue es sich aus Angst vor seinen Gefühlen aber nicht. Das sei seine Schwäche.

Mit einem Glänzen in den Augen und zerbrechlicher Stimme fängt er an zu sprechen: Robert habe den landwirtschaftlichen Betrieb ihrer Eltern weitergeführt und seine Arbeit in der Natur geliebt. „Er hätte bestimmt Trump gewählt“, ist sich David sicher und lacht. „Aber er war ein guter Mensch. Er hat allen geholfen und war in unserem Nest äußerst beliebt. Nur irgendwann“, David muss schlucken, „hat er sich selbst verloren. Keiner hat etwas gemerkt, auch seine Frau nicht. Er hat sich plötzlich in einem Leben gefangen gefühlt, das er nicht länger führen wollte. Er mochte einfach nicht mehr in seiner Haut stecken. Woher die Unzufriedenheit rührte, weiß keiner. Alle Welt hat sein Leben für perfekt gehalten, daher hat er wohl nicht den Mut besessen, es auf den Kopf zu stellen. Er hat das Unverständnis der Menschen mehr gefürchtet als den Tod. Er hat zwei Mädchen und seine Frau allein gelassen – und auch mich."

Wir schweigen. Die Erde scheint für einen Moment still zu stehen. Niemandem fällt dazu etwas ein. Nichts ist zu hören außer dem leisen Schluchzen von drei tief bewegten Menschen, die nach kürzester Zeit ein Herz und eine Seele geworden sind.

28. Mai 2019

Deva – Abschiedsschmerz

HEUTE NACHT WAREN WIR erst um 1.00 Uhr zurück im Hotel. Kein Wunder, dass wir am Morgen schwer aus den Federn kommen. Noch gegen 9.30 Uhr wälzen wir uns müde hin und her.

„Hört ihr das?“, fragt David plötzlich aus der Koje rechts außen.

Julia und ich sperren gespannt die Ohren auf und rätseln, was er wohl meinen könnte. „Nein, tun wir nicht“, antworten wir nach einigen Sekunden verblüfft.

„Eben“, krakeelt David völlig überdreht in den abgedunkelten Raum, während er unter der Bettdecke mit seinen Beinen strampelt. „Keine nervigen Mitbewohner, keine klappernden Jalousien, kein unausstehliches Gedudel. Stattdessen Erholung pur! Und das für nur ein paar Euro mehr pro Nase. Wenn es Hotels nicht schon gäbe, müsste man sie erfinden“, beendet er seinen ironischen Redeschwall, gähnt herzhaft und dreht sich feixend zur Wand.

Julia und ich verdrehen die Augen. Das letzte Glas Wein war gestern eindeutig eines zu viel. Ich wünsche ihr jetzt schon viel Spaß bei der Wahl der Unterkunft am heutigen Abend. Zum Glück werde ich der Diskussion nicht mehr beiwohnen müssen. So richtig leicht geht mir dieses Späßchen aber nicht über die Lippen. Julia und David werden mir fehlen. Mit ihnen kann ich über alles reden, und sie sind nicht mal genervt davon, wenn ich zu philosophieren beginne. Was für ein kostbares Geschenk, das mir auf diesem Weg zuteil wurde.

Dank der gemeinsamen Übernachtungen haben wir aber auch ungewollte Einblicke in die Intimsphäre der jeweils anderen erhalten. Wir fühlen uns wie eine frisch zusammengewürfelte Studenten-WG, in der wir erstmals auf die Macken unserer Mitbewohner stoßen. So wagt es David zur Empörung Julias, die Klobrille hochgeklappt zu lassen, und fängt sich prompt einen Rüffel ein. Das würde er sich in Herbergen ja hoffentlich auch nicht erlauben, ermahnt sie ihn. Außerdem trällert er amerikanische Country-Songs unter der Dusche und gibt selbst die Gitarren-Soli mit skurillen Summ-und-Brumm-Geräuschen zum Besten. Julia wiederum besteht darauf, dass wir nachts das Fenster geschlossen halten, sie würde sonst frieren.

Und ich werde mit meinem prall gefüllten Kulturbeutel zur Lachnummer, dessen Reißverschluss sich nicht mal mehr zuziehen lässt. „Der wiegt ja mehr als mein gesamter Rucksack", stellt David ungläubig fest und fügt sarkastisch hinzu: „Ich wusste gar nicht, dass ich mit zwei Frauen unterwegs bin." Haha, sehr witzig. Und Julia, die eigentliche Frau im Bunde, hält zum Vergleich mit verdatterter Miene ihr eigenes schmales Plastiktütchen daneben. Ich fühle mich ertappt und erröte. Dabei bin ich der festen Überzeugung, dass ich mich aufs Nötigste beschränkt habe.

Nach einem viel zu süßen und fettigen Frühstück marschieren wir um 11.00 Uhr los. Der ganze Zucker der Churros scheint wie Blei in meinem Magen zu liegen, und ich verspüre eher das Bedürfnis, mich wieder hinzulegen, als eine zweistellige Zahl an Kilometern in Angriff zu nehmen. Ein beschäftigter Verdauungstrakt ist der größte Feind von Energie und Tatendrang.

Eines muss ich Julia und David aber lassen: Sie sorgen dafür, dass ich halbwegs regelmäßig esse. Die Schattenseite: Beinahe täglich muss ich derzeit einen Geldautomaten aufsuchen, um meine Bar-Bestände aufzufüllen. Mehr als 50 Euro möchte ich nämlich nicht am Körper tragen. Gerade gegen Ende meiner Etappen habe ich stets das Gefühl, wie ein leichtes Opfer über die Wege zu taumeln, und Bilder von tennisballgroßen Fleischwunden ploppen vor meinem geistigen Auge wieder auf.

Je näher wir der mittelalterlichen Hafenstadt Villaviciosa kommen, desto ruhiger werden wir. Auf dem Weg durch die geschäftigen Straßen wechseln wir kaum ein Wort. Die Stimmung ist gedrückt, und ich bin froh, dass uns der Lärm der Autos die Suche nach einem unverfänglichen Thema erspart. Kurz hinter der Stadt erreichen wir den unheilvollen Wegweiser, der einen Keil in unser kleines, verschworenes Grüppchen treibt. Geradeaus führt der Weg nach Gijón, links biegt er ab in Richtung Oviedo.

Julia zückt sofort ihr Taschentuch und schnäuzt hinein. Es ist zwecklos, das Unausweichliche hinauszuzögern. Wir fallen einander in die Arme und tauschen die besten Wünsche aus. „Mach keinen Blödsinn“, schluchzt sie. „Du Dickkopf wirst dir ja doch keine neuen Schuhe kaufen.“ Bei diesen

Worten kullern auch mir ein paar Tränen die Wangen hinunter. Julia ist schon ein Schatz, ein herzensguter Mensch, den man einfach liebhaben muss.

David und ich drücken einander nur kurz. Wir hoffen, uns in ein paar Tagen wiederzusehen. Ich solle Gott nicht vergessen, jetzt da mich die beiden nicht mehr ablenken könnten, gibt er mir noch mit auf den Weg.

Dann schließt uns Julia noch einmal im Doppelpack in die Arme. Wir stehen da wie die Teletubbys. „Ich hätte mir keinen schöneren Abschluss vorstellen können als mit euch Knalltüten", sagt sie glücklich.

Winkend verharre ich vor dem Wegweiser, bis die beiden hinter einer Baumgruppe verschwunden sind. Julia wirft mir kurz vorher noch Handküsse zu, und David tut es ihr, um die Situation aufzulockern, in albernen Posen gleich. Dann setze auch ich meinen Weg fort. Es ist schon komisch: Eigentlich kenne ich die beiden ja kaum, und doch geht mir der Abschied nahe. Julia und David gehörten fest zu meinem Tagesablauf. Keinen anderen Personen habe ich so viele Sätze in meinen Aufzeichnungen gewidmet wie ihnen, und mit niemandem sonst habe ich meine Gedanken derart freimütig geteilt.

Den Rest des Tages stiefele ich recht lustlos durch die Gegend und reiße Kilometer um Kilometer ab. Auf einmal geht mir die bis noch vor Kurzem so hochgeschätzte Einsamkeit gewaltig auf den Senkel! Irgendwie weiß ich kaum etwas mit mir anzufangen. Meine Gedanken schwirren rastlos umher und finden nirgendwo Halt. Wo sind Julia und David wohl gerade? Sie haben bestimmt einen Heidenspaß. Ich könnte die beiden anrufen, aber das wäre albern. Ich bin doch kein kleiner Junge mehr.

Möglichkeiten zur Einkehr lasse ich auch verstreichen. Was soll ich denn da so ganz allein? Mit hängenden Schultern und leerem Kopf stapfe ich stumpfsinnig immer weiter. So werden aus 25 Kilometern 30 und aus 30 Kilometern 35. Erst nach sage und schreibe 40 Kilometern beende ich gegen 20.00 Uhr kurz vor Gijón meinen Tagesmarsch. Ich übernachte in einer Herberge auf dem Campingplatz von Deva, einer einfachen Baracke mit zwei Schlafsälen. David hätte seine helle Freude daran.

Außer mir sind noch zehn weitere Gäste hier, darunter Lukas und Susanne, zwei Mittzwanziger, die ich schon ein paarmal getroffen habe. Die beiden erholen sich von einem Magen-Darm-Infekt und haben gestern keine fünf Kilometer geschafft. So was kann mir also auch noch blühen. Die Ursache ist ihnen ein Rätsel. Heute hätten sie sich wieder an ein normales Pensum herangetastet. Sie sind gespannt darauf, ob sie das abendliche Menü des Tages im Magen behalten.

29. Mai 2019

San Martín de Laspra – Ein Tag zum Vergessen

ÜBER DEN HEUTIGEN TAG gibt es wenig zu sagen. Im Grunde genommen ist jeder Satz einer zu viel. Die Etappe war in einem Wort: trostlos. Immerzu bin ich durch urbanes Gebiet getrottet oder habe auf den Randstreifen teils gemeingefährlicher Schnellstraßen um mein Leben gebibbert. Daran will ich mich gar nicht erinnern.

Auch Gijón hat meine Liebe zu Städten nicht gerade vergrößert. Die einzige Sehenswürdigkeit, für die ich Augen hatte, war das legendäre Stadion El Molinón, das mitten im Zentrum steht. Darin haben sich Deutschland und Österreich bei der Fußball-Weltmeisterschaft ’82 müde den Ball hin- und hergeschoben, um sicher eine Runde weiterzukommen. Das Spiel ging als Schande von Gijón in die Geschichte ein.

Morgen soll zum Glück ein schönerer Tag werden. Mein Pilgerführer empfiehlt einen Umweg ans Meer, den ich mir nicht entgehen lassen will.

30. Mai 2019

Soto de Luiña – Eklat am Mittagstisch

HABE GERADE MIT David telefoniert. Er ist jetzt auch allein unterwegs, nachdem Julia sich in den Bus gesetzt hat. Schade eigentlich. War wohl nichts mit einer weiteren Verlängerung. Insgeheim hatte ich gehofft, sie würde noch einmal zurückkehren.

David geht davon aus, dass er in wenigen Tagen bei mir ist. Er werde den Rückstand schon aufholen und sich irgendwie durchmogeln. Wenn auf etwas Verlass ist, dann darauf.

Sein Anruf kam genau zur rechten Zeit, denn ein bisschen Aufmunterung konnte ich gut gebrauchen. Ich habe nämlich Richard getroffen und unnötigerweise vor den Kopf gestoßen. Mich plagt ein richtig schlechtes Gewissen.

Mein Schlenker ans Meer war dafür fantastisch. Auf einem schmalen, etwa 100 Meter hoch gelegenen Pfad schlendere ich durch einen Wald aus Eukalyptusbäumen und mannshohen Farnen. Etwa alle 700 Meter betrete ich eine Plattform und habe eine tolle, kilometerweite Sicht auf das türkisfarbene Meer und verwunschene Landzungen mit von Büschen überwucherten Klippen. Dazwischen liegen idyllische Buchten, in denen die Wellen gegen die Felsen schlagen. Diese urwüchsige Dschungellandschaft mit der faszinierenden Steilküste ist das Paradies auf Erden.

Zurück auf dem regulären Weg, der sich über Asphalt durch ländliche Gefilde schlängelt, merke ich erst, wie heiß es heute geworden ist. Gegen 15.00 Uhr haben wir fast 30 Grad, und die Sonne brennt mir ein Loch in den Schädel.

Die Hitze ist wirklich drückend, und Schatten ist inmitten der Felder nicht in Sicht. Auch mein Durst wird immer quälender. Meine Trinkflasche ist seit einer Stunde leer. Ich brauche dringend Nachschub, sonst dehydriere ich!

In Deutschland könnte ich mich jetzt von gut gelaunten Bollerwagen-Grüppchen mit kalten Getränken versorgen lassen, denn heute ist Christi Himmelfahrt und damit auch Vatertag. In Spanien will man davon offenbar nichts wissen.

Zum Glück kommt am Ende des staubtrockenen Weges eine Ortschaft in Sicht. Mit hochrotem Kopf stolpere ich in die nächstbeste Bar. Erleichtert reiße ich mir den Rucksack von den Schultern und sauge gierig die klimatisierte Luft ein. Oh, tut das gut. Wie ein nasser Waschlappen bei Fieber.

Das Etablissement macht einen netten Eindruck. Der helle, sonnendurchflutete Raum ist modern eingerichtet, und die zur Hälfte besetzten, runden Tische sind schön gedeckt.

Plötzlich werde ich stutzig. Wen sehe ich da in einer Ecke? Ach, du grüne Neune. Teufelsanbeter Richard im Gespräch mit einem Pärchen. Bevor ich mir darüber im Klaren bin, was ich davon halten soll, winkt mich die dunkelhaarige Frau energisch herbei. Wahrscheinlich will sie nett sein, weil ich, am Tresen stehend, ein bisschen verloren wirke.

Als Richard seinen runden Kopf in meine Richtung wirft,

entgleiten ihm sämtliche Gesichtszüge. Nanu, der ist doch sonst nicht so schreckhaft. Deutlicher könnte sein Blick nicht zum Ausdruck bringen, dass ihm meine Anwesenheit nicht in den Kram passt. „Das hier sind meine Freunde", scheint er mir sagen zu wollen.

Unschlüssig, ob ich mich tatsächlich zu ihnen setzen soll, trete ich näher. Ich hätte schon Lust auf Gesellschaft; außerdem würde mich interessieren, ob Richard seinem Ziel, den Teufel zu finden, nähergekommen ist.

Die Düsseldorfer Eheleute in den späten Vierzigern kenne ich bereits flüchtig. Wir sind einander schon ein paarmal begegnet. Sie ist groß und hager, modebewusst gekleidet und hat einen weißen Strohhut an der Stuhllehne hängen. Er hatte wahrscheinlich mal die gleichen Maße wie sie, ist mittlerweile aber vollschlank und lässt sich auch am Nachmittag sein Gläschen Bier nicht nehmen. Mit seinem freundlichen, runden Gesicht scheint er auf den ersten Blick so gar nicht zu der distinguierten Erscheinung an seiner Seite zu passen. Die Herrschaften haben sich einen Snack bestellt, und Katharina, so heißt die Frau, lädt mich herzlich dazu ein, es ihnen gleichzutun.

Ich müsse aber keineswegs, wirft Richard eilig ein und schaut mich eindringlich an. Sie wollten mich gewiss nicht aufhalten. Mit hochgezogener Augenbraue erwidere ich seinen Blick. Was ist denn dem für eine Laus über die Leber gelaufen?

Katharina besteht aber darauf, dass ich mich setze. Sie mustert mich von oben bis unten und stellt erschrocken fest: „Mein Junge, du fällst ja völlig vom Fleisch!" Womit sie nicht ganz unrecht hat, denn meine Hosen sitzen so locker wie nie – trotz der zahlreichen Mahlzeiten mit Julia und David. Also lasse ich mich Richards abweisender Miene zum Trotz auf den Stuhl ihm gegenüber fallen. Katharinas Einladung auszuschlagen, wäre unhöflich gewesen. Außerdem hat er sich in Zumaia auch ungefragt an meinen Tisch begeben, jetzt sind wir quitt.

Nachdem ich mir ein Bocadillo, die spanische Variante eines Sandwiches, und endlich eine kalte Cola bestellt habe, gebe ich mein Bollerwagen-Späßchen zum Besten. Damit gelingt es mir sogar, den ansonsten müde wirkenden Martin aus seinem Mittagsschlaf zu reißen. Sofort kramt er sein Handy hervor und zeigt mir wehmütig Fotos seines heimischen Doppelkopf-Clubs, der heute ohne ihn um die Häuser zieht. Selbst Richard ist ein Lächeln zu entlocken, und er wird merklich entspannter. Na, geht doch. Keine Ahnung, was mit ihm los war.

Da die Stimmung immer gelöster wird und wir gut miteinander auskommen, stelle ich die alles entscheidende Frage: „Und Richard, hast du den Teufel schon gesehen?" Entgeistert starrt er mich an, und Katharina und Martin runzeln die Stirn. Zunächst glaube ich, sie hätten mich akustisch nicht verstanden, und setze erneut an: „Ob du – autsch!" Das glaub ich jetzt nicht, der hat mir gegen das Schienbein getreten! Offenkundig haben die Düsseldorfer keinen blassen Schimmer von seiner eigenwilligen Obsession. Und ginge es nach ihm, würde das auch so bleiben.

„Teufel? Wer sucht hier den Teufel?", fragt Katharina verwundert.

„Niemand natürlich", beeilt sich Richard zu sagen und versucht das Ganze in einem patzigen Ton herunterzuspielen. „Das war nur so ein Spaß zwischen uns beiden." Man dürfe auch nicht immer alles so ernst nehmen.

Wie bitte? Ob Scherz oder nicht: Ich merke natürlich, dass es Richard unangenehm ist, über dieses Thema zu sprechen. Wahrscheinlich wäre es ein feiner Zug von mir, es einfach dabei bewenden zu lassen. Aber ich kann nicht anders. Ich will es jetzt genau wissen. Bin ich einem Hochstapler auf den Leim gegangen, oder steckte mehr dahinter?

Es entspinnt sich eine recht absurde Diskussion – was auch sonst bei diesem Thema? –, und ehrlich gesagt kann ich mich an den genauen Wortlaut nicht mehr erinnern. Dazu geht es viel zu flott hin und her. Am Ende räumt Richard jedenfalls ein, dass er sich tatsächlich in den Kopf gesetzt habe, den Teufel zu finden. Aber nur aus Neugier, versteht sich, und nicht, um einen krummen Deal zu schließen. Letztlich diene seine Suche ja auch bloß dem Zweck, Gott näher zu kommen – nur eben ein bisschen um die Ecke gedacht. Denn wenn es den Teufel gebe, dann gebe es auch Gott. Das habe er sich eben so zurechtgelegt. Mehr stecke nicht dahinter. Aber er spreche nicht mehr darüber, weil er mehrmals das Gefühl gehabt habe, Menschen mit seiner Idee zu erschrecken. Denkt er dabei an Julia? Keine Ahnung.

Katharina reagiert zum Glück gelassen. „Ach, Richard", kiekst sie. „Das ist doch eine drollige Geschichte." Nur Martin lässt sich nicht in die Karten schauen, was er von alledem hält. Aber wenn seine Frau den Daumen hebt, wird er sich ohne Frage anschließen.

Diese Pilgerreise ist definitiv das Verrückteste, was ich je erlebt habe. Und manchmal frage ich mich, wie meine Erfahrungen auf der Verrücktheitsskala wohl im Vergleich mit denen anderer Pilger abschneiden würden. Ziehe ich das Sonderbare magisch an? Oder liege ich noch im unteren Drittel? Hape Kerkeling erzählt ja auch von heiratswilligen Brasilianerinnen, einem schrulligen Pärchen aus Remscheid und einem südamerikanischen Schamanen, der damit kokettiert, Hitlers „Mein Kampf" angeblich ganz toll zu finden. Dagegen erscheinen mir meine Erlebnisse fast noch normal.

Auf meinen letzten zehn Kilometern folgt dann die Reue. Wir gehen zwar friedlich auseinander, trotzdem habe ich das Gefühl, Richard ohne Not in die Bredouille gebracht zu haben. Aus seiner Sicht bin ich definitiv zu weit gegangen. Und wahrscheinlich hat er recht. Ich hätte die Sache einfach auf sich beruhen lassen können. Ob ich nun auf ihn hereingefallen bin oder nicht, was macht das schon? Außerdem habe ich doch gerochen, weshalb er über das Thema nicht sprechen wollte. Ich bin richtig schlecht drauf und ärgere mich über mich selbst. Tja, auch ich bin nicht frei von Schwächen.

31. Mai 2019

Cadavedo – Habe ich ihn gefunden?

WURDE MITTEN IN DER Nacht aus dem Schlaf gerissen. Bin gestern Abend in einer turnhallenartigen Unterkunft in Soto de Luiña untergekommen, in der sich locker 30 Pilger befinden. Als um 4.30 Uhr jemand die Toilette aufsucht, bin ich abrupt hellwach. Nicht so jedoch die vielen Schnarcher, die sich von der quietschenden Tür zum Flur nicht stören lassen. Im Gegenteil: Sie sägen immer lauter. Na toll!

Wer unter diesen Bedingungen wach liegt, hat keine Chance. Also klettere ich um 5.30 Uhr aus meinem wackeligen Bett und stehle mich davon. Ist sowieso schon viel zu lange her, dass ich im Morgengrauen gestartet bin.

Draußen ist es noch fast dunkel und kalt. Ich friere sogar in meiner Fleecejacke, aber etwas Wärmeres habe ich nicht. Fröstelnd stapfe ich durch hohe Gräser aus dem Ort und nähere mich einem schaurig daliegenden Wald. Soll ich da wirklich hineingehen? Aus dem Dickicht dringen unheimliche Geräusche nach außen. Sie klingen wie das technisch verstärkte Stöhnen eines geknebelten Menschen. Bestimmt nur paarungswillige Tiere, hoffe ich und laufe weiter.

Zwar hat die Dämmerung schon eingesetzt, aber gruselig ist es trotzdem zwischen den raschelnden Bäumen. Vor allem werfen sie furchterregende Schatten, die mir das Gefühl geben, nicht allein zu sein.

Zudem spukt mir noch immer Richard durch den Kopf, ich kann es nicht ändern. Ich kenne solche Situationen von früher, und bei diesem Gedanken bekomme ich eine Gänsehaut. Plötzlich fällt es mir wie Schuppen von den Augen: Ich glaube nicht an Gott, und doch weiß ich, dass es ihn gibt! Ich weiß es ja längst! Warum ist mir das nicht schon eher eingefallen?

Früher war ich nach Treffen mit Freunden manchmal besorgt. Ich hatte Angst, ich könnte in ein Fettnäpfchen getreten sein und etwas falsch gemacht haben. Ich fürchtete, sie würden mich nicht mehr mögen. Es war bekloppt, aber meine Gedanken gaben nicht eher Ruhe, bis ich wieder Kontakt zu den entsprechenden Personen hatte und sah, dass alles in Ordnung war.

Doch jetzt kommts: Es gab einen Joker! Irgendwann habe ich ein Experiment gewagt, und es war von Erfolg gekrönt. Ich habe meine Hände zum Gebet gefaltet und Gott darum gebeten, dass meine Sorgen unbegründet sein und die bedrückenden Grübeleien aufhören mögen. Und siehe da: Es hat geklappt, und zwar nicht nur das eine Mal, sondern immer und immer wieder – obwohl es das doch eigentlich nicht dürfte! Nach der geringsten Ablenkung waren die unheilvollen Gedanken, die sich zuvor partout nicht abschütteln lassen wollten, verschwunden. Und erst am Abend habe ich jeweils gemerkt, dass Gott es wieder einmal geschafft hatte.

Die naheliegende Schlussfolgerung, dass damit seine Existenz doch eigentlich bewiesen ist, kam mir sonderbarerweise nie in den Sinn. Bis jetzt! Natürlich bin ich trotzdem nicht so naiv zu glauben, dass ich den unumstößlichen Gottesbeweis in Händen halte. Ich wette, Psychologen und Hirnforscher hätten ihre eigene Erklärung dafür, weshalb mein Ritual des Gebets jedes Mal zum gewünschten Ergebnis geführt hat. Aber ich bin es Gott schuldig, auch die Indizien, die für seine Existenz sprechen, vor meinem inneren Gericht in die Waagschale zu werfen.

Zudem bin ich bestimmt kein Einzelfall: Ich glaube, viele Menschen kennen das Gefühl, dass ihnen der Dialog mit Gott Erleichterung verschafft. Das Gebet als Schlussstrich unter Ängste und Sorgen – solche Glaubenserfahrungen sind es wahrscheinlich, die Religionen am Leben halten. Gott als Sorgentelefon, das zuhört und hilft, aber weder dumme Fragen stellt noch kluge Ratschläge gibt. Wenn es ihn nicht schon gäbe, müsste man ihn erfinden. Hoffentlich haben sich das die Menschen vor ein paar Tausend Jahren nicht auch gedacht.

Tja: Ich glaube nicht an Gott, und doch weiß ich, dass es ihn gibt. Mit diesem Widerspruch werde ich wohl vorerst leben müssen. Vielleicht ist diese Erkenntnis aber auch der Schlüssel dafür, dass Gott sich aus seinem Versteck traut. Ich bestreite seine Existenz nicht länger, sondern bejahe sie jetzt, indem ich auf mein Herz höre und nicht auf meinen Kopf. Ganz so, wie Anna und David es mir empfohlen haben. Denn die positive Wirkung eines Gebets auf meine Seele ist nun mal Tatsache. Ob sie göttlichen Ursprungs ist oder nicht, das gilt es herauszufinden.

Worauf man in dunklen, geheimnisvollen Wäldern nicht alles kommt. Und welch Ironie des Schicksals: Der Mensch, der nach dem Teufel sucht, hat mich zu Gott geführt. Jetzt muss ich Richard auch noch dankbar sein.

Heute wähle ich den Weg des geringsten Widerstands. Ankommen heißt mein einziges Ziel und zwar so schnell wie möglich, ich brauche dringend eine Pause. Die beschwerliche Etappe gestern hat mich körperlich und mental an meine Grenzen geführt, von der kurzen Nacht ganz zu schweigen. Die 20 Kilometer bis Cadavedo will ich einfach nur hinter mich bringen, am besten vor der Mittagssonne. Am Nachmittag werde ich die Beine hochlegen – und vielleicht noch waschen. Was das betrifft, habe ich schon wieder geschludert. Als netten Nebeneffekt erleichtere ich David das Einholen. So konstruktiv kann Faulenzen sein. Trotzdem erstaunlich: 20 Kilometer fühlen sich mittlerweile an wie ein lockeres Aufwärmprogramm. Zu weniger bin ich gar nicht mehr fähig. Dazu sind Körper und Geist viel zu sehr aufs Laufen getrimmt.

Drei Varianten stehen mir zur Auswahl: eine anstrengende über den Berg, die von vornherein nicht infrage kommt, eine halbwegs schöne, aber lange durch die Natur sowie der direkte Weg über eine Bergstraße, die entlang von Felswänden oberhalb eines Waldes verläuft. Herzlichen Glückwunsch, ich wähle Tor drei und stapfe gleichmütig auf dem Asphalt in Richtung Ziel.

Der von mir gewählte Weg ist zwar der kürzeste, aber auch der mit Abstand gefährlichste. Immer wieder werde ich auf der Straße ohne Fußweg von knatternden Autos erschreckt, die um die schlecht einsehbaren Ecken brettern. Wer träumt, hat keine Chance. Sollten hier einst leise Elektroautos um die Kurven flitzen, werden die Ankunftszahlen in Santiago zwangsläufig sinken.

Um 11.45 Uhr erreiche ich Cadavedo. Die etwas in die Jahre gekommene Herberge liegt an einer Landstraße in direkter Nachbarschaft zu einem laut grollenden Sägewerk. Das quadratische weiße Häuschen mit dem roten Ziegeldach befindet sich, umgeben von Wiesen, am Ende einer langen Einfahrt.

Wenig überraschend bin ich der Erste hier. Endlich kann ich mir mal das beste Bett aussuchen. Vergnügt dusche ich auch so lange ich will, wenngleich mir das um 12.00 Uhr mittags albern erscheint. Der ganze Tag liegt schließlich noch vor mir. Auch wasche ich, was das Zeug hält.

Den Nachmittag vertrödele ich in dem kleinen, gemütlichen Garten. Das tut auch mal gut. Ich sitze im Schatten der hohen Bäume auf einem Stuhl und beobachte meine verschwitzten Mitpilger beim Ankommen. Es ist wieder wahnsinnig heiß.

Um 21.45 Uhr lege ich mich bei noch immer tropischen 26 Grad Celsius ins Bett, denn ich habe einiges an Schlaf nachzuholen. Außerdem könnte der morgige Tag wieder anstrengend werden. Ich habe am Abend mit einer Deutschen gesprochen, die den Jakobsweg rückwärts läuft. So was gibt es also auch, mittlerweile wundert mich gar nichts mehr. Kirsten ist durch Portugal nach Santiago gewandert, und da sie das Pilgerfieber gepackt hat, läuft sie jetzt auf dem Camino del Norte nach Irun. Verrückt. Für morgen empfiehlt sie mir dringend einen Abstecher ans Meer, der nicht mal in meinem Pilgerführer verzeichnet ist. Es handle sich um die Streckenführung des Senda Costera, des normalen

Küstenweges, der mit rotweißen Balken markiert wird. Ich gebe Kirsten noch mit, sie möge bitte Anna von mir grüßen, falls sie einem auffällig kleinen und langsamen Persönchen mit überproportionalem Rucksack begegnen sollte. Das wolle sie machen.

Vor dem Schlafengehen spreche ich ein kurzes Gebet. Das mache ich jeden Abend seit meiner Kindheit. Früher habe ich Gott um alles Mögliche gebeten. Das tue ich heute natürlich nicht mehr. Ist es falsch, zu Gott zu beten, wenn man nicht mehr an ihn glaubt oder es zumindest zuletzt nicht mehr getan hat? Ich finde nicht, denn ich hoffe ja, dass es ihn gibt, trotz meiner gelegentlichen Zweifel. Seit mein Glaubenspendel ins Negative geschwungen ist, bete ich allerdings nur noch für meinen Vater, der vor neun Jahren gestorben ist. Ich bitte darum, dass es ihm gut gehen möge, wo auch immer er steckt. Das würde Gott mir sicher nicht übel nehmen, oder? Um mein persönliches Glück kümmere ich mich seither alleine.

Das Beten ganz aufzugeben, bringe ich nicht übers Herz. Es gehört als Abschluss des Tages einfach dazu. Wenn ich gebetet habe, wissen mein Körper und mein Geist: Jetzt kommt nichts mehr, jetzt heißt es schlafen. Und das tue ich dann in aller Regel auch sehr gut – zumindest solange mir keine Schnarcher in die Quere kommen.

1. Juni 2019

La Caridad – Per Anhalter durchs Paradies

WAS FÜR EIN TAG, bin völlig euphorisch ... Kirstens Abstecher beginnt kurz hinter Luarca, einem reizvollen Hafenstädtchen, das wie ein antikes Theater in den Hang gemeißelt wurde – mit dem Unterschied, dass die Menschen von ihren weißen Häuschen aus nicht auf eine Bühne blicken, sondern aufs Meer. Zwei Mitpilger haben die 15 Kilometer bis hierher per Anhalter zurückgelegt, um die Gesamtdistanz von schätzungsweise 40 Kilometern zu verringern. David hätte vermutlich auch keine Skrupel gehabt, aber ich bleibe eisern. Ich möchte mir die schönen Seiten des Weges durch harte Arbeit verdienen.

Die ersten beiden Stunden des Abstechers werden für meine Füße zu einer einzigen Leidensgeschichte. Erst bohrt sich ein spitzer Stein so tief in meine Sohle, dass es pikst, dann bin ich an einem schönen Strand so dämlich, barfuß über schwarzen Sand zu latschen. Ich habe gequiekt vor Schmerz und bin in meine Badelatschen geschlüpft.

In ihnen erklimme ich Steinstufen und laufe kilometerweit über Wiesen oberhalb der schroffen, steil ins Wasser stürzenden Klippen. Der Blick auf die Küstenlinie und das endlose Meer ist berauschend. Eine spektakuläre Aussicht reiht sich an die nächste. Kirsten hat nicht zu viel versprochen.

Meine Badelatschen ziehe ich gar nicht wieder aus. Ist einfach erfrischender bei diesen hohen Temperaturen. Sollten meine Schuhe doch noch den Geist aufgeben, laufe ich den Jakobsweg einfach in ihnen zu Ende. In einem unbeobachteten Moment tausche ich auch noch meine Trekkinghose gegen meine knielangen Shorts und sehe jetzt endgültig aus wie ein Badetourist.

Dass mich Adrian, ein 39-jähriger Pilger aus Spanien, trotzdem als Gleichgesinnten erkennt, grenzt an ein Wunder. Der Bartträger liegt faul im Gras und hält mit im Nacken verschränkten Armen Siesta wie Lucky Luke.

„Schon ein doller Weg, oder?“, hält er mich auf Englisch an und fragt mich, ob ich mich setzen wolle. Dazu sage ich nicht Nein, denn eine Pause kann ich gut vertragen. Außerdem ist der Blick auf das im Sonnenschein glitzernde Meer hier besonders schön.

Vom Jakobsweg ist Adrian hellauf begeistert. „Hätte nie gedacht, dass ausgerechnet ich noch einmal zum Glauben finden würde“, verrät er mir ohne Umschweife. Er habe Gottes Gnade erfahren, da sei er sich sicher. Er erzählt mir seine Geschichte von Pleiten, Pech und Pannen.

Er sei in Bilbao gestartet und seither an jedem Tag gelaufen. Dabei sei er sich mehr als einmal sicher gewesen, dass er die Reise würde abbrechen müssen. Gleich am zweiten Tag habe sich eine dicke, blutige Blase an der Ferse gebildet. „Mann, tat das weh“, erinnert er sich wehmütig. Er sei trotzdem 15 Kilometer gepilgert und habe bei jedem Schritt gestöhnt. Am Abend habe ihn eine wundervolle Frau mit Blasenpflaster versorgt, davon hätte er zuvor noch nie gehört gehabt.

Kurz nach Güemes sei er derart heftig umgeknickt, dass er sich nicht mehr habe bewegen können. Hilflos habe er am Straßenrand gesessen und jammernd auf Hilfe gewartet. Ein Handy habe er nicht dabei. Darum sei ihm nichts anderes übrig geblieben, als an Ort und Stelle auszuharren. Zwei Stunden lang sei niemand erschienen, und seine Rufe habe keiner gehört – da sei wieder eine Frau gekommen und habe ihn auf den folgenden zwei Kilometern bis zur nächsten Herberge gestützt. „Ein wahrer Engel", fangen seine Augen an zu leuchten. Tags darauf habe er wieder schmerzfrei laufen können. „Die Frau war so erstaunt, sie hat mich glatt bezichtigt, ein Simulant zu sein", sagt Adrian und lacht.

An einem anderen Tag sei er im Regen ausgerutscht und schwer gestürzt. Erst ein Busch habe seinen freien Fall nach wenigen Metern gestoppt. Zum Beweis zeigt er mir schorfige Schrammen an Armen und Beinen. „Für einen kurzen Moment hatte ich Todesangst", gesteht er, „und mein einziger Gedanke war: Gott, hilf mir! Kurz darauf hing ich im Gestrüpp." Alles sei noch mal gut gegangen. Nur sein Pilgerstab sei unauffindbar gewesen.

„Irgendjemand will, dass ich diesen Weg beende", ist Adrian überzeugt. „Und wer könnte das anderes sein als Gott? Er möchte, dass ich meinen Wandel zu einem besseren Menschen vollziehe. Er steht mir bei und gibt mir eine zweite Chance!"

Nach dem Sturz habe er gemerkt, dass er den Pilgerstab gar nicht benötige. Seine Lehre: „Den einzigen Halt, den ich brauche, gibt mir Gott." Seit ihm das bewusst sei, laufe er viel sicherer, und nichts sei mehr passiert. „Ich werde den Weg zu Ende gehen und Gott danken", gelobt Adrian voller Demut und entschuldigt sich sogleich für seinen Monolog. Ihm sei das gerade alles durch den Kopf gegangen, bevor ich aufgetaucht sei, und es tue gut, die Dinge nicht nur zu denken, sondern auch auszusprechen. „Bevor ich irgendwann unsicher werde, ob das wirklich alles passiert ist oder ich vielleicht nur träume."

Was ich von Adrians Geschichte halten soll, weiß ich nicht. Er wirkt auf jeden Fall geläutert, glücklich und zuversichtlich. Ist es nicht das, was am Ende zählt? Vor allem ruft er mir ins Gedächtnis, was für eine Leistung die Pilger hier eigentlich vollbringen. Mir wäre es ja um ein Haar ganz ähnlich ergangen. An den Regentagen bin ich schließlich selbst auf dem Hosenboden gelandet und habe den einen oder anderen matschigen Aufstieg bewältigt.

Zusammen kommen Adrian und ich gut voran. In Puerto de Vega, einem kleinen Fischerdorf, lässt er mich zwölf Kilometer vor dem Ziel wieder allein. Und ich merke gegen 17.00 Uhr so langsam, dass mir die Kraft ausgeht. Meine Beine sind müde, mein Magen ist hungrig, und in meinem Kopf herrscht Leere. So schön die Strecke auch ist, ich kann sie kaum noch genießen.

Da kommt der gut besuchte Playa de Frexulfe gerade richtig, ein langgezogener Strand mit reißenden Wellen, wie ich sie noch nie gesehen habe. Dass hier keine rote Flagge weht, erscheint mir angesichts der dicht am Wasser herumtollenden Kinder fahrlässig. Egal! Jetzt oder nie! Kurz entschlossen bitte ich eine Gruppe Spanier darum, auf meinen Rucksack aufzupassen, inklusive meiner Kreditkarte und 45 Euro in bar. Zum Teufel mit der Vorsicht, ich will jetzt baden! Wer weiß, wann ich diese Chance noch einmal bekomme. Bisher war es immer zu kalt. Von dem Geld erzähle ich den jungen Leuten natürlich nichts, sondern verstecke es tief unten zwischen meinen Unterhosen. Wer da gräbt, ist selber schuld.

Dann schließe ich die Augen, zähle innerlich von fünf herunter und renne jauchzend in die schäumenden Wellen – bis mich eine von ihnen voll erwischt und unter Wasser reißt. Mit einem Mal höre ich nichts mehr. Scheinbar leblos treibe ich in den Fluten, schwebe unter Wasser und lasse mich vom Willen des Meeres tragen. Dann tauche ich wieder auf und lache und plansche wie ein Kind im Spaßbad. Wie herrlich das ist, so belebend und erfrischend. Bestimmt zwei Lagen Schweiß und Sonnencreme, rund neun Stunden Strapazen, rubbele ich mir erleichtert aus dem Gesicht. Für zehn Minuten lasse ich mich kräftig durchschütteln, dann ziehe ich mit Sack und Pack wie neugeboren weiter.

Am Abend muss ich dann sogar noch trampen, denn mein eigentlicher Zielort Navia ist ausgebucht. Nicht mal dem Besitzer der überfüllten Herberge gelingt es, ein freies Bett zu finden. Hilfsbereit wählt sich der Mann die Finger wund, aber ohne Erfolg. Die Stadt platzt aus allen Nähten. Nichts geht mehr. Dabei ist es bereits nach 20.30 Uhr.

Das nächste Örtchen La Caridad liegt zehn Kilometer entfernt. Selbst wenn ich mich beeile, werde ich frühestens um 22.45 Uhr da sein. Von daher überwinde ich meinen inneren Schweinehund und strecke um 21.30 Uhr in der Dämmerung meinen Daumen auf die Fahrbahn einer Landstraße. „Nur

Mut, Johannes“, rede ich mir gut zu. Warum sollte dir etwas peinlich sein? Hier kennt dich doch keiner. Und ja, ich weiß: Eigentlich bin ich gegen das Trampen, aber das hier ist eine Notsituation.

Bestimmt 40 Autofahrer haben mir die Rücklichter gezeigt, als plötzlich ein weißer Van das Tempo drosselt. Kaum zu glauben, aber er fährt rechts ran.

Eine halbe Minute später klettere ich zu vier Portugiesen in das klapprige, verqualmte Gefährt. Mit meinem Rucksack auf dem Schoß nehme ich auf der Rückbank Platz. Die Männer dürften alle Mitte 30 sein. Gesprächig ist ausschließlich der bärtige Mann auf dem Beifahrersitz. Der Fahrer konzentriert sich auf die Straße, und die beiden Männer an meiner Seite rauchen stumm vor sich hin.

So ganz schlau werde ich nicht aus den Herrschaften, denn mit seiner ersten Frage „Hast du Drogen dabei?“ bricht der Wortführer nicht gerade das Eis.

Ich lächele gequält und grübele nach der bestmöglichen Antwort. Dann sage ich schüchtern „Nein“ und füge schnell, um lustig und entspannt zu wirken, unter Zuhilfenahme meines gesamten humoristischen Talents ein vermeintlich lockeres „Leider nicht, höhö“ hinzu.

„Hört ihr? Das ist gut für uns, Brüder“, sagt mein Ansprechpartner unbeeindruckt an seine Freunde gerichtet. Ich bin irritiert. Wollte er welche haben? Oder hat er Angst vor einer Kontrolle? Könnten vier Portugiesen in einem alten Van Argwohn in Spanien erregen? Es herrscht doch Reisefreiheit in der EU. So langsam wird mir die Situation etwas unheimlich …

Neugierig versuche ich in Erfahrung zu bringen, was die

Männer hier treiben, in der Hoffnung, dass sie sagen: Ach, wir fahren nur zu unserer Großmutter Marta, die morgen 90 wird. Mehr, als dass ihr Ziel Ribadeo an der asturisch-galicischen Grenze heißt und sie dort für zehn bis zwölf Tage arbeiten wollen, bekomme ich aber nicht aus ihnen heraus. Als ich nachhake, fängt der Mann auf dem Beifahrersitz nur hölzern an zu lachen. Schon gut, das Fragenstellen überlasse ich wohl besser ihm.

Eine mysteriöse Gesellschaft. Die Männer wirken so, als hätten sie ein ganz großes Ding geplant. Vielleicht sollte ich in den kommenden Tagen die Ohren offenhalten, ob irgendwo eine Bank überfallen wurde.

Zehn Minuten später lassen mich die Portugiesen im finsteren La Caridad heraus. Eine echte Punktlandung, es ist eine Minute vor 22.00 Uhr. Mein Angebot, ihnen ein kleines Trinkgeld zu geben, schlagen sie aus. Das sei doch Ehrensache gewesen, meint der Mann mit dem Bart und wünscht mir alles Gute. Dann rumpelt das Fahrzeug wieder los. Ich hoffe, sie schaffen es bis an ihr Ziel.

Erleichtert sehe ich, dass die Tür zur Herberge noch offen steht. Von einem Italiener erfahre ich, dass ich mich gar nicht hätte beeilen müssen. „Der Hospitalero ist in eine Bar gegangen und schaut Fußball“, erklärt er mir. Jürgen Klopp gewinnt wohl gerade die Champions League.

Fix mache ich mir in der Mikrowelle noch eine Tortilla warm, springe unter die Dusche und telefoniere mit David. Schon morgen will er sich mit mir in Ribadeo treffen. Ich kanns kaum erwarten! Wer weiß, vielleicht sehe ich da ja sogar die Portugiesen wieder und komme ihrem Geheimnis auf die Spur.

Es ist 0.30 Uhr, als ich endlich ins Bett falle. Mal wieder hat mich der Camino an meine Grenzen geführt und dazu gebracht, sie zu überwinden. Ich habe 45 Kilometer zurückgelegt, Teile davon mit verbrannten Füßen, ich bin ins Wasser gesprungen und zum ersten Mal in meinem Leben getrampt. Was ist schon der Gewinn der Champions League gegen einen Tag auf dem Jakobsweg!

2. Juni 2019

Vilela – Der Zauberberg

HEUTE MORGEN MUSS ich mich erst mal orientieren. So richtig weiß ich gar nicht, wo ich bin. Die gestrigen 45 Kilometer haben mich ganz schön aus dem Konzept gebracht. La Caridad! So weit hatte ich in meinem Reiseführer noch gar nicht geblättert. Und jetzt muss ich mit Erschrecken feststellen: Heute soll schon mein letzter Tag am Meer sein. Bitte was? Bin ich Santiago wirklich schon so nahe? Das kann unmöglich wahr sein. Ungläubig rechne ich nach: Von Ribadeo aus, meinem heutigen Etappenziel, sind es noch 190 Kilometer. Das ist gerade mal eine Woche, wenn überhaupt. Beängstigend! Der Jakobsweg biegt in die Zielgerade ein, und mein Herz rutscht mir auf einmal in die Hose.

Bislang hatte mein gesamtes Unternehmen etwas Unverfängliches, einen irgendwie vorläufigen Charakter. Unbedarft habe ich mich einfach Richtung Westen treiben lassen, ohne ein konkretes Ziel vor Augen. Der Ozean war wie ein Anker für mich, wie eine Leitplanke, mein sicherer Hafen. Tief in meinem Inneren wusste ich: Solange ich das Meer an meiner Seite sehe, liegt Santiago noch in weiter Ferne. Nicht mal meine Rückreise habe ich bisher gebucht.

Doch jetzt wird es ernst! Plötzlich habe ich das beklemmende Gefühl, in riesigen Schritten auf den Endpunkt zuzusteuern. Und während andere erleichtert die Kilometer zählen, stelle ich mir die bange Frage: Möchte ich überhaupt ankommen?

Ich fühle mich pudelwohl hier, frei und glücklich. Ein bisschen scheint es mir zu ergehen wie Hans Castorp in Thomas Manns „Zauberberg“. Ursprünglich war der junge Hamburger auf drei Wochen zu Besuch ins Sanatorium Berghof nach Davos gereist – am Ende blieb er sieben Jahre. Nur zu gern ließ er sich aus dem tüchtigen Leben seiner steifen hanseatischen Heimat reißen und von dem veränderten Lebensrhythmus verführen. Ob auch mein Gefallen an diesem Weg schon leicht ins Suchtartige geht? Julia hatte mich ja gewarnt!

Das Lösen vom Meer kommt mir vor wie das Durchtrennen der Nabelschnur, und das Gefühl der Geborgenheit weicht Panik. Von jetzt auf gleich halte ich auf das Grab des heiligen Jakobus zu, gefühlt auf einer glitschigen Eisbahn ohne Geländer, auf einem Schlitten mit defekten Bremsen. Die galicische Hauptstadt erscheint mir gerade nicht wie das ersehnte Ziel, sondern wie das erbarmungslose Katapult zurück in den Alltag. Schlagartig wird mir bewusst, dass mir allen bisherigen Strapazen zum Trotz die größte Prüfung noch bevorsteht: der Gang zurück ins wahre Leben.

Die letzten Küstenabschnitte bis Ribadeo sind kaum der Rede wert. Vielleicht liegt mein fehlender Enthusiasmus aber auch am Wetter. Alles ist grau und irgendwie trist. Zum Glück bin ich gestern ins Wasser gesprungen. Was hätte ich mich heute geärgert!

Dann heißt es Abschiednehmen von meinem geliebten Meer, vom Ozean, Atlantik oder Golf von Biscaya, meinem treuen, beruhigenden Begleiter. Auf ein Schild mit dem leuchtenden Warnhinweis „Achtung, schießen Sie noch schnell ein letztes Foto, der Ozean fließt nun ohne Sie weiter“ warte ich vergeblich. Plötzlich stehe ich in Ribadeo, und das Meer ist Geschichte. Für jemanden, der sich nur auf die Pfeile verlässt, gibt das ein böses Erwachen.

In der Innenstadt lasse ich mich am Rande eines mit Bäumen bespickten Platzes auf eine Bank fallen. Die Außenbereiche der unzähligen Cafés und Restaurants sind gut besucht. Das Klimpern des Bestecks und die unterschiedlichsten appetitlichen Gerüche lassen mir das Wasser im Mund zusammenlaufen. Es ist 15.00 Uhr, und ich könnte gut etwas vertragen. Ich hoffe, David bringt Hunger mit.

Während ich auf die Ankunft des Amerikaners warte, werfe ich einen Blick in meinen Reiseführer. Unglaublich, welche Strecke ich schon zurückgelegt habe. Wenn ich nur ans Baskenland denke mit seinem ewigen Auf und Ab, bekomme ich direkt wieder Muskelkater. Die Einsamkeit in den Bergen und die endlosen Blicke über hügelige Landschaften waren dafür phänomenal. Und nicht zu vergessen die Buchten und Strände in Pasaia, San Sebastián, Zarautz und Zumaia. Kantabrien war die Region der Vielfalt und Kontraste. Die regenreichen Tage haben mich in den Wahnsinn und fast zum Aufgeben getrieben. Dafür gingen die Aufenthalte bei Pater Ernesto und Carmen richtig ans Herz. Und den traumhaften Blick auf die langen, einsamen Strände mit den schneebedeckten Gipfeln im Hintergrund werde ich nie vergessen. Mein Abstecher in die Picos de Europa hat mich endgültig mit dem Weg versöhnt. Asturien war das reine Paradies. Komisch nur, dass der offizielle Weg mich an den Höhepunkten am liebsten vorbeigelotst hätte: an den Bufones und all den anderen Naturwundern jenes Tages, an der Steilküste von vor drei Tagen und den gestrigen Stränden mit Dünen, schwarzem Sand und gigantischen Wellen. In Asturien habe ich auch meine schönsten Zeiten mit Anna, Julia und David verbracht. Mal sehen, welche Überraschungen Galicien jetzt noch für mich parat hält.

Zunächst einmal darf ich nun auch offiziell von mir behaupten, auf dem Camino del Norte zu pilgern. Streng genommen war ich bisher auf dem Camino de la Costa unterwegs, der jetzt ins Landesinnere abbiegt. Auf diese Unterscheidung wird unter Pilgern aber meist verzichtet. Ich bin mir sicher, die ersten Studienräte hatten schon den Bleistift gespitzt ob meiner unpräzisen Nonchalance. Darüber hinaus stehen jetzt überall Wegsteine herum, die nicht nur die Richtung anzeigen, sondern auch im Stile eines Countdowns die verbleibenden Kilometer herunterzählen. Wie soll man da keine Angst vor dem nahenden Ende bekommen?

Davids und meine Wiedersehensfreude ist riesengroß. Wir liegen uns vor Glück in den Armen und haben einander viel zu erzählen: über Julia zum Beispiel. David musste unserer gemeinsamen Freundin versprechen, dass er ihre regelmäßigen Schuhinspektionen fortführen wird und notfalls eingreift. Davon rate ich ihm energisch ab. Sonst müsste er mich aufgrund der mittlerweile entstandenen Risse in den Sohlen sofort aus dem Verkehr ziehen und alleine weiterlaufen. Außerdem würde es sich derzeit in jedem Schuh so anfühlen, als liefe ich barfuß, denn ich spüre noch immer ein leichtes Brennen von meinem badelatschenlosen Ausflug in den glühenden schwarzen Sand.

David, der wie üblich in seinem blauen Hemd unterwegs ist, findet die Geschichte zum Schreien komisch. „Ihr Deutschen versteht eben nichts von Sand", stellt er schnaubend vor Lachen fest. Keine Ahnung, ob er jemals etwas von Nord- und Ostsee gehört hat, aber ich lasse seinen Kommentar so stehen.

Auch ansonsten spielen wir uns die Bälle zu wie eh und je. So erzähle ich ihm von meinen „Zauberberg"-Assoziationen. Im Englischen heißt das Buch „The Magic Mountain". Damit weiß David aber nichts anzufangen. „Ich für meinen Teil kenne ja nur Brokeback Mountain", sagt er und legt mit einem Grinsen auf den Lippen seinen Arm um mich. Auch vom Autor des Buches, der immerhin in Amerika gelebt hat, will David nie etwas gehört haben. „Who the fuck is Thomas Männ?", blickt er mich fragend an.

Außerdem schwärme ich von meinem gestrigen Bad im Wasser. Darauf er: „Du läufst den Küstenweg. Was hast du die letzten vier Wochen gemacht?" Und ich klugscheiße, dass wir nicht mehr auf dem Camino de la Costa, sondern auf dem Camino del Norte unterwegs sind. „Danke, ich war schon einmal hier", lässt er mich mit gespielt strengem Blick wissen.

David weiß auf alles eine bissige Antwort. Es ist wunderbar, wieder diese schrägen und pointierten Dialoge zu führen, die genauso gut aus den Gilmore Girls stammen könnten. Die kennt sogar David.

Zum Glück ist der Amerikaner so hungrig wie ich, und so genehmigen wir uns auf einer von Hecken abgeschirmten Restaurantterrasse einen Sonntagsbraten.

Währenddessen erzählt David mir von Oviedo. Dort sind Julia und er auf den Spuren Alfons II. von Asturien gewandelt, einem mittelalterlichen König und dem ersten Jakobspilger überhaupt. Zwischen 818 und 834 wurde der Legende nach im Bereich des heutigen Santiago das Grab gefunden, das man Jakobus zuschrieb. Daraufhin pilgerte Alfons von Oviedo aus über die Berge, begründete den Camino Primitivo und ließ am Ort des Grabes eine Kapelle errichten. Drumherum entwickelte sich nach und nach das heutige Mekka für christliche Pilger.

Zu meiner Überraschung hat mich David in dem Sinne gar nicht eingeholt. Er hat schon eine Nacht in Ribadeo verbracht, damit er heute eine Bustour zum in der Nähe liegenden Praia das Catedrais unternehmen konnte, einem Strand mit berühmten bogenförmigen Felsformationen. Aus diesem Grund möchte er heute auch noch unbedingt weiter.

Gestärkt legen wir sieben Kilometer bis Vilela zurück. Das galicische Hinterland wird eindeutig wieder bergiger. Es kommt uns stellenweise so vor wie eine Zeitreise an den Anfang unseres Weges. Es ist so hügelig, waldig und grün wie zwischenzeitlich im Baskenland.

Am Ende kommen wir an einer frei auf einem Feld stehenden Sommerherberge an, die seit dem 1. Juni, also seit gestern, geöffnet haben soll. Was nicht der Fall ist, wie an der verriegelten Tür und den verdreckten Fensterscheiben unschwer zu erkennen ist. Und ein Blick durch die Scheiben legt nahe: Das wird sich auch auf absehbare Zeit nicht ändern. Die Räumlichkeiten wirken schmutzig und in die Jahre gekommen.

Zum Glück befindet sich in direkter Nachbarschaft eine

Bar mit einem zum Schlafsaal umfunktionierten Lagerraum. Zwölf schmale Einzelbetten stehen sich hier in zwei Reihen gegenüber. Zu meiner Überraschung werden für die Übernachtung zwölf Euro fällig. In meinem Führer war nur von zehn Euro die Rede gewesen, aber die Betreiber haben wohl auch mitbekommen, dass die Konkurrenz geschlossen hat und ihre Unterkunft die einzige weit und breit ist. Die Preiserhöhung um 20 Prozent macht mich aber nicht mürbe. Im Gegenteil: Ich nehme sie mit überschwänglicher Erleichterung zur Kenntnis. Da wären wir wieder bei den Gesetzen der Marktwirtschaft. Mit einem Lachen erkläre ich David: „Dass die FDP mal meine Partei werden könnte, hat sich damit zum Glück erledigt."

3. Juni 2019

Mondoñedo – „Ich will zurück"

VOM ZAUBER GALICIENS ist heute wenig zu spüren. Es nieselt den ganzen Tag, und David und ich müssen unsere Ponchos überwerfen. Hatte ganz vergessen, wie nervig die sind. Sie rascheln fürchterlich. Dabei war ich fest davon ausgegangen, dass das Wetter, sobald wir der Küste den Rücken kehren, immer besser und besser werden müsste. Falsch gedacht, wie David mich korrigiert. Das galicische Hinterland gilt als besonders regenreich und ist für seine plötzlichen Schauer berüchtigt. Na klasse.

Demotivieren können mich diese Aussichten aber nicht. Erstens habe ich dank David vortreffliche Unterhaltung, und zweitens kommt Aufgeben nicht mehr infrage. Ich will ja nicht mal überhaupt in Santiago ankommen, da wäre es schön blöd, die Wanderschuhe freiwillig vorzeitig an den Nagel zu hängen.

Der Weg führt uns in dichte Eukalyptuswälder und durch bunte Landschaften. Blühende grüne Wiesen wechseln sich ab mit gepflügten braunen Äckern und gemähten gelben Feldern. Garniert mit ein paar Bäumen erstrecken sie sich kilometerweit über Hügel und Täler. Das Panorama könnte glatt aus einem Geschichtsbuch zur Dreifelderwirtschaft stammen. Bei Sonne bestimmt ein märchenhafter Anblick, jetzt gerade verschwindet die Hälfte in einem diesigen Dunst.

Unser erstes Ziel nach 15 Kilometern heißt Gondán. Oder wie David es mit feierlicher, sich überschlagender Stimme anpreist: „Gondor, das gelobte Königreich, die stolze Heimat der Gondorianer."

„Du Spinner!", schüttele ich belustigt den Kopf. Mit seinem gen Himmel gerichteten Pilgerstab bäumt sich David auf wie Gandalf der Weiße und versucht inmitten der Tristesse die Aussicht auf ein prächtiges Reich zu beschwören, das jeden Meter durch den Nieselregen wert ist. Leider kann das verschlafene Nest in den Bergen unsere Erwartungen nicht erfüllen. Wie in „Herr der Ringe" sieht das hier nicht aus.

In unsere Ponchos gehüllt, die wie Reiseumhänge im Wind wehen, fühlen wir uns trotzdem wie die Hobbits auf dem Weg zum Schicksalsberg. Nur dass sich unser Schicksal nicht an einem Vulkan entscheiden wird, sondern in Santiago de Compostela. Irgendwie tragen wir Pilger ja auch einen Ring mit uns herum, der uns immer wieder in Versuchung führt, der uns plagt und den wir ein für allemal abstreifen wollen.

David ist wie immer eine Inspiration. Der abrupte Wechsel zwischen Blödeleien und sachlichen Gesprächen macht die Magie zwischen uns aus. In der einen Minute albern wir herum wie kleine Kinder, in der nächsten heben wir mit großem Ernst die Welt aus den Angeln.

So kommen wir auch auf den Sinn der menschlichen Existenz zu sprechen, und ich kann mir mal wieder all meine

Zweifel von der Seele quasseln. Ich frage mich: Wozu das alles? Warum gibt es die Erde? Und warum sind wir eigentlich hier?

Klar ist: In einer Welt ohne Gott müssten die Menschen ihrer Existenz selbst einen Sinn verleihen – sofern ihnen denn einer einfiele. Ich tappe nach wie vor im Dunkeln. Was aber, wenn es Gott gäbe? Aus welchem Grund könnte er die Erde und den Menschen erschaffen haben? Was könnte unsere Aufgabe sein?

Natürlich. Als hollywoodgeplagte Cineasten fällt uns als erste mögliche Antwort ein: Wir sollen das Böse besiegen. Doch wenn wir das geschafft hätten, was käme als Nächstes? Wären wir auf einmal überflüssig? Und warum sollte Gott das nicht alleine können? In jedem Fall wären wir nur Mittel zum Zweck, denn würden wir erst gar nicht existieren, könnte zumindest uns das Böse auch nichts anhaben.

Eine weitere Möglichkeit wäre: Wir sollen die Erde in einen gerechteren Ort verwandeln. Nur wozu? Sollte es unser einziges Ziel sein, das Leid auf der Welt zu verringern und anderen Menschen Gutes zu tun, hätte Gott auch einfach darauf verzichten können, die Menschen und damit Leid zu erschaffen.

Auch laut der Bibel ist es unser Sinn, gute und gläubige Menschen zu sein. Gott wirft uns auf die Welt, beobachtet, wie wir uns benehmen, und ruft uns schließlich wieder zurück, damit er über uns richten kann. Es ginge für uns also nur darum, Gottes Ansprüchen gerecht zu werden. Das kann es doch auch nicht sein.

Gott müsste uns doch eigentlich erschaffen haben, damit wir ein Ziel erfüllen können, das er alleine nicht zu erfüllen imstande ist. Andererseits wären wir nichts weiter als ein schnöder Zeitvertreib für ihn und müssten uns umso mehr die Fragen stellen: Wozu existiert er eigentlich? Hat er auch einen Schöpfer? Und wenn nicht: Woher kommt er?

Es ist vertrackt: Was mir auch einfallen mag – es läuft alles auf dieselbe bittere Pointe hinaus: Jedes denkbare Problem, für dessen Lösung es den Menschen brauchen könnte, wäre keines mehr, wenn es den Menschen einfach nicht gäbe. Vielleicht wäre es noch eines für Gott, aber nicht für uns.

Oder anders gefragt: Wenn die Erde mitsamt der kompletten Menschheit von heute auf morgen unterginge – wer bliebe übrig, das zu bedauern? Würden dadurch irgendjemandes Pläne durchkreuzt? Hätte Gott auf einmal ein Problem? Würde er hektisch eine neue Erde aus dem Boden des Universums stampfen und wieder Menschen auf ihr aussetzen? Weil wir aus irgendeinem Grund unverzichtbar sind? Oder würde nichts passieren?

Wie immer gelingt es David, meine mühsam errichteten Gedankenkonstrukte mit wenigen Sätzen zum Einsturz zu bringen. Ich dürfe nicht den Fehler begehen, den heutigen Menschen für die Krone der Schöpfung zu halten, nur weil wir im Gegensatz zum Mittelalter wie das Nonplusultra wirken. „Machen wir uns nichts vor", holt David aus, „wir haben keinen blassen Schimmer, wozu die Menschheit in Tausenden von Jahren fähig sein wird. Vielleicht ist unser beschränkter Geist nur noch nicht in der Lage dazu, den Sinn des Lebens zu entschlüsseln. So schwer es uns auch fallen mag, das einzusehen: Wir stehen noch am Anfang der menschlichen Geschichte. Wir fühlen uns nur groß, weil wir die bisherige Spitze sind. In Wahrheit sind wir klein, vergänglich und ahnungslos. Wir wissen nicht, woher wir kommen und wohin wir gehen, wir wissen nichts über den Raum, in dem wir leben, wo er anfängt und wo er endet. Kurz: Wir sind die Neandertaler von morgen."

David bringt mich immer wieder zum Staunen. Einen wie ihn habe ich noch nie getroffen. Er erweitert meine Sicht um Facetten, auf die ich nie gekommen wäre. Sich mit ihm auszutauschen, ist immer ein Gewinn, auch wenn ich mich mit seinem Fatalismus nicht abfinden will. Sollte Gott uns mit einem Hintergedanken erschaffen haben, müsste dieser doch für jeden Menschen begreifbar sein, gleich wann und unter welchen Bedingungen er lebt. Alles andere wäre unfair!

Das allerletzte Wort hat trotzdem mein Konterpart. „Womöglich sollen wir den Sinn des Lebens nicht erkennen", setzt er grinsend zu seinem Schlusspunkt an und sagt frei nach dem britischen Aphoristiker Ashleigh Brilliant: „Besser das Leben ist sinnlos, als dass es einen Sinn hat, dem ich nicht zustimmen kann." Amen.

Nach insgesamt 30 Kilometern kommen am Horizont die Türme einer Kathedrale in Sicht. Santiago, bist du es? Nicht ganz. Wir betreten Mondoñedo, einen netten, kleinen Ort mit historischem Ortskern. Von Santiago sind wir noch 140 Kilometer entfernt. Im Zentrum thront eine viel zu große romanische Kirche aus dem 13. Jahrhundert. Ans Meer erinnert hier nichts mehr. Nur die fauchenden Möwen verströmen einen Hauch von maritimem Flair.

Während David am späten Nachmittag allein um die Häuser zieht, ruhe ich mich aus. Ich fühle mich schlapp und halte ein Nickerchen. Zu einer kleinen Nachtwanderung lasse ich mich später trotzdem noch breitschlagen, und so zerrt mich David im Dunkeln durch die mittelalterlichen Gassen. Gegenüber der Kathedrale lassen wir uns auf inzwischen getrocknete Stufen fallen und starren im schwachen Schein einer Laterne in den düsteren, wolkenverhangenen Himmel. Wir werden schwermütig, und jetzt ist David mal wieder dran mit der Offenbarung seiner Gefühlswelt.

Wir sitzen oder besser gesagt liegen dicht beieinander auf den Stufen. Der Amerikaner spricht ganz leise und bedacht. In einem Flüsterton sagt er: „Meine erste Rückkehr vom Jakobsweg war schwer. Ich habe es wochenlang nicht verkraftet, dass der mühsam erarbeitete Seelenfrieden durch Sorgen und Nöte des Alltags in Aufruhr geriet. Ich habe hyperempfindlich auf jede Störung reagiert und war unausstehlich! ‚Ich möchte zurück!', immer wieder habe ich vor dem Spiegel gestanden und diese Worte gesagt! Ich wollte einfach wieder frei sein!"

Nachdem er sich seiner Frau geöffnet habe, sei es besser geworden. Er habe sich zunächst nicht getraut, ihr seine Sehnsucht nach dem Ort, der ganz weit weg von ihr liegt, zu gestehen. „Aber sie ist wunderbar und gewährt mir seitdem meine regelmäßigen Auszeiten. Dafür darf sie sich viel zu teure Wochenenden in Wellnessoasen gönnen. Aus diesem Grund habe ich sie übrigens auch noch nie gefragt, ob sie mich mal begleiten möchte", betont er und lacht. „Nachher verlangt sie noch, dass ich mir im Gegenzug 20 Wochenenden in Folge Gurkenscheiben auf die Augen lege. Nein, danke!"

Ob es mir genauso ergehen wird? Wird auch mich die Rückkehr nach Hause in eine Depression stürzen? Ich hoffe nicht! Zum Glück habe ich ebenfalls eine verständnisvolle Frau.

4. Juni 2019

Vilalba – Das Ziel rückt näher

ICH MERKE, DASS ICH immer seltener in mein Tagebuch schreibe. Zum einen finde ich mit David an meiner Seite kaum noch Zeit dazu, zum anderen sticht nichts mehr so richtig hervor. Irgendwie habe ich alles schon mal gesehen. Auch neue, interessante Menschen kennenzulernen, wird abseits der Herbergen immer schwieriger. Die meisten haben die Partnersuche abgeschlossen und marschieren jetzt mindestens zu zweit in Richtung Ziel. Dadurch sind sie weitaus weniger aufgeschlossen als zu Beginn. Ich selbst bin ja auch vergeben. Im Gegensatz zu mir hat David übrigens gar nichts gegen das Ankommen. Irgendwann sei auch mal gut. Ich solle erst mal 42 werden.

Die heutige Etappe führt uns vor allem auf Wald- und Wiesenwegen durch ländlich geprägte und dünn besiedelte Gebiete. Nur vereinzelt durchqueren wir mal ein kleines, verschlafenes Dorf. Viele Siedlungen wirken in die Jahre gekommen und sind in Sachen Infrastruktur stark nachholbedürftig. Schnell wird klar, dass an der Küste nicht nur das Wasser fließt, sondern auch das große Geld. Dafür ist hier alles ein bisschen beschaulicher und weitgehend naturbelassen. Der Blick über die grüne Weite ist herrlich, und immer ist irgendwo ein Gipfel in Sicht. Den dicht bewachsenen Mischwäldern mit Moos und Flechten im Überschwang ist die galicische Feuchtigkeit deutlich anzusehen. Und entlang der zahllosen Weiden werden wir wieder vermehrt von Eseln, Schafen und Pferden kritisch beäugt.

In unserer Herberge kurz vor Vilalba landen David und ich dann in getrennten Schlafsälen. 30 Kilometer sind wir Santiago heute wieder näher gekommen.

5. Juni 2019

Miraz – Eine Lektion in Sachen Nächstenliebe

SITZEN ZWEI ENGLÄNDER, zwei Australierinnen, eine Belgierin, ein Russe und ein Deutscher an einem Tisch. Was überall sonst auf der Welt der Beginn eines schlechten Witzes wäre, sind auf dem Jakobsweg die Zutaten für einen unvergesslichen Abend.

Wer in der Aufzählung fehlt, ist der Amerikaner. David und ich haben uns heute Vormittag nämlich getrennt. Natürlich nur vorübergehend, versteht sich. Nach 72 Stunden Zweisamkeit brauchten wir beide eine Pause. Das muss auch mal sein. Oder wie David es zur Verabschiedung ausdrückte: „Kompliment! So lange am Stück halte ich es nicht mal mit meiner Frau aus."

An unserem vereinbarten Treffpunkt, einer englischen Herberge in Miraz, ist er am Abend aber nicht erschienen. Wo er wohl steckt? An sein Handy geht er nicht ran. Es meldet sich bloß eine Computerstimme, die mir auf Spanisch wahrscheinlich mitteilen möchte, dass der von mir gewünschte Teilnehmer zurzeit nicht erreichbar ist. Klingt verdächtig nach leerem Akku.

Für einen kurzen Moment frage ich mich, ob ich mir Sorgen machen sollte. Aber hey, wir reden hier von David. Der Mann ist 42 und ein echter Camino-Veteran, der wird schon wieder auftauchen. Vermutlich zollt er der gestrigen Etappe Tribut und steckt in einem der vorherigen Orte fest.

Die gelben Pfeile haben mich heute wieder durch die schönsten Bauerschaften Galiciens gelotst. Zunächst marschiere ich über scheinbar endlose matschige und von Pfützen übersäte Forstwege. Später komme ich an abgelegenen Wäldern und Wiesen vorbei, wo das Lauteste die Grillen im feuchten Gras sind. Wobei die wahrscheinlich behaupten würden, ich sei das Lauteste mit meinen auf den Kieselsteinen knirschenden Schritten und meiner raschelnden Hose. Die Strecke ist arm an Höhepunkten; ich laufe einfach und bin guter Dinge.

Nur einmal merke ich auf: Vor mir läuft ein Pilger im roten Poncho, dabei regnet es gar nicht. Doch dieses Mal handelt es sich nicht um Richard. Wo der wohl steckt? Und ob er noch mit den Düsseldorfern ein Trio bildet? Manche Menschen scheint der Weg verschluckt zu haben: Marie und Finn zum Beispiel, Jack oder Anna. Vielleicht sind sie zu einem großen Grüppchen geworden und laufen seit Tagen zusammen.

Kurz hinter Baamonde, einem 350-Seelen-Nest mit einer 500 Jahre alten Kastanie im Zentrum, wird es dann spannend. Ich laufe an einer Landstraße entlang und hefte den Blick gebannt auf den Grünstreifen zu meiner Linken. Gleich muss es so weit sein, ich fühle mich wie an Silvester kurz vor Mitternacht, wenn alle feierlich von zehn herunterzählen. Doch dann die Enttäuschung: Statt den ersehnten Wegstein mit der Kilometerangabe 100 vorzufinden, haben es die Spanier vollbracht, den Monolithen sechs Meter zu spät aufzustellen und mit der Aufschrift „99,994 Kilometer" zu bedrucken. Wer macht denn so was? Wer stellt denn bitte einen 99,994-Kilometer-Meilenstein auf, wenn er auch einen 100-Kilometer-Meilenstein aufstellen könnte? Das wäre doch ein sicheres Motiv für jedes Fotobuch.

Für einen kurzen Moment halte ich inne und vergegenwärtige mir die Bedeutung dieser Wegmarke. Denn jetzt wird es ernst! Wer in Santiago sein Pilgerzeugnis erhalten möchte, muss mindestens die letzten 100 Kilometer zu Fuß oder die letzten 200 Kilometer auf dem Fahrrad oder zu Pferde gepilgert sein. Alle anderen gehen leer aus.

Gegen Abend sichere ich mir in Miraz ein Bett in der Herberge St. Martin. In Empfang genommen werde ich von zwei herrlich ironischen Engländern um die 60. Nancy ist Brillenträgerin und hat eine lockige, dunkle Mähne. Charles sieht dank seines Wuschelkopfs und des verschmitzten Dauerlächelns aus wie ein ergrauter Boris Johnson. Den Schalk im Nacken haben beide.

Die Herberge ist schön eingerichtet und verfügt über eine große, moderne Küche mit Kühlschrank, Gasherd, Backofen, riesigem Tisch, Kamin und eigentlich allem, was das Herz begehrt. In einer Ecke gibt es sogar Gratiswein aus einer Art Umzugskarton mit Zapfhahn. Das Allerbeste: Die Betten sind ausnahmsweise groß genug für meine langen Beine. Die Engländer wissen Gardemaße eben noch zu schätzen.

Vor allem aber erhalte ich an diesem Abend eine Lektion in Sachen Nächstenliebe. Zunächst wollte mir Nancy eine Tiefkühlpizza aus dem Supermarkt mitbringen. Allerdings sei das Regal leer gewesen, entschuldigt sie sich nach ihrer Rückkehr.

„Kein Problem“, ruft der am Herd stehende Charles und drückt mir flugs drei Eier in die Hand. „Mach dir einfach ein Omelette“, schlägt er mir vor. „Die Pfannen stehen im Schrank.“

„Genau“, stimmt Nancy begeistert zu und deutet auf ein Schneidebrett mit Paprikastreifen und geviertelten Tomaten. „Bedien dich einfach und pack dir was rein.“

Kurz darauf brutzele ich mir ein goldgelbes Omelett mit bunter Einlage, das köstlich schmeckt. Wir, zwölf Pilger und unsere Gastgeber, essen wie eine große Familie gemeinsam am Tisch. Mein Omelett ist zwar schnell verputzt, aber satt werde ich trotzdem. Eine Australierin ist heilfroh, als ich die von ihr gekochten Spaghettireste mit Gemüsesoße wegfuttere. Das ist definitiv besser als Pizza! Ich weiß gar nicht, womit ich die Fürsorge dieser lieben Menschen verdient habe.

Nach dem Essen spielen wir Karten. Zu siebt sitzen wir jeder mit einem Glas Wein vor der Nase am Tisch und setzen unser Pokerface auf. Wir haben großen Spaß und sind pausenlos am Lachen. Charles und Nancy haben sich dabei ausgerechnet auf mich eingeschossen. Wann immer ich mit dem Mischen an der Reihe bin, senken die beiden demonstrativ die Häupter, lassen grunzende Schnarchgeräusche hören und fallen in einen künstlichen Dornröschenschlaf. „Du brauchst ja ewig“, stöhnt Charles. Und Nancy fügt mit gespielter Empörung hinzu: „Du mischst die Karten ja eh nicht. Du schiebst sie nur von vorne nach hinten und wieder zurück.“ Das muss er sein, der berühmte britische Humor.

Wie das Schicksal so will, kann ich mich fünf Minuten später revanchieren. Als Nancy mit dem Austeilen an der

Reihe ist, halten die einen plötzlich fünf Karten in der Hand, die anderen vier. Spontan springe ich auf und erhebe meine Stimme. „Da lobe ich mir doch die gute alte gründliche deutsche Art des Mischens und Gebens", rufe ich feierlich in die Runde und proste den anderen mit meinem Weinglas zu. Wir lachen uns kringelig, sind ausgelassen, frech, aber immer herzlich. Und im Hintergrund sorgt der knisternde Kamin für eine heimelige Atmosphäre.

So viel Wärme zwischen Menschen aus aller Welt, die einander kaum bis gar nicht kennen, habe ich noch nie erlebt. Ich bin dankbar für die Liebe, Zuneigung und Freigiebigkeit, die ich hier erfahre. Ich scheine fast der Einzige zu sein, der vorher niemanden richtig kannte, und doch gehöre ich wie selbstverständlich dazu. Ich traue mich kaum, es zu schreiben: Ein bisschen bin ich froh, dass David nicht hier ist. Mit ihm hätte ich diese Erfahrung, in eine Gruppe aufgenommen zu werden, vermutlich nicht so intensiv erlebt.

6. Juni 2019

Sobrado dos Monxes – Die Ursache allen Glücks

WARUM BIN ICH eigentlich so glücklich? Immer wieder stelle ich mir diese Frage, und immer wieder komme ich zu unterschiedlichen Antworten. Kein Zweifel: Ich liebe es, durch die Natur zu streifen, genieße es, keine Pflichten zu haben, frei zu sein, mich zu anregenden Gedanken inspirieren zu lassen, und schätze den intensiven Austausch mit anderen Menschen. Aber sind das die einzigen Gründe dafür, weshalb ich meine Pilgerschaft am liebsten verlängern würde? Bei Charles und Nancy wurde mir eine weitere, vielleicht die bedeutendste Dimension vor Augen geführt ...

Gedankenversunken schlurfe ich durch eine skurrile, abgelegene Heidelandschaft mit fulminanter Fernsicht und ständig wechselnder Vegetation. Nur mein Untergrund bleibt immer derselbe: ein heller Kieselweg, der sich durch das schwach violett blühende Kraut windet. Es ist verrückt! An manchen Stellen tauchen kleine Abschnitte Nadelwald auf, an anderen stehen einzelne Laubbäume allein auf weiter Flur. Und plötzlich laufe ich durch einen Tunnel aus mannshohen gelben Ginsterbüschen, als stünden sie Spalier. Dahinter folgt ein wirrer, trostloser Wildwuchs aus knorrigen Stämmen, grauen Gräsern und verdorrten Sträuchern. Mir gefällt dieses Chaos.

Welches ist nun aber das Puzzleteil, das die Faszination des Jakobsweges komplettiert und nach meinem Dafürhalten genau in die Mitte gehört? Aus welchem Grund schaue ich auf dem Camino überall in fröhliche Gesichter?

Drei Dinge erlebe ich hier immer wieder: Hilfsbereitschaft, Nächstenliebe und eine eigentlich unerklärliche Freude bei fast fremden Menschen, sobald sie mich sehen. Das ist richtig irritierend. Diese Erfahrungen ziehen sich wie ein roter Faden durch meine Reise.

Am Ende der ersten Etappe ist der ältere Herr bei den Zwölf Stämmen von seinem Stuhl gesprungen, um mich freudestrahlend zu sich zu winken. Er hat mir auf der Stelle die Angst genommen, in diese unbekannte Welt zu treten. Tags darauf wurden mir zwei große Pizzastücke geschenkt, als ich erst spätabends an mein Ziel kam. Und in Zumaia haben mich Maren und Steffi gefragt, ob ich mit ihnen Karten spiele. Ich im Gegenzug habe womöglich Anna aufgefangen und bei Julia nicht locker gelassen, nachdem Richard sie in den baskischen Bergen verstört zurückgelassen hatte. So ging es immer weiter. Wenn ich nur an all die unverhofften Wiedersehen mit verschollen geglaubten Weggefährten denke, wird mir ganz warm ums Herz. Alle sind freundlich zueinander – Ausnahmen bestätigen die Regel –, und jeder ist darum bemüht, dass es den anderen gut geht. Gestern wurde mir das bei Charles und Nancy in der geballten Dosis zuteil.

Der springende Punkt ist: Auf dem Jakobsweg erfährt jeder Pilger so viel ehrlich empfundene Wertschätzung und

Bestätigung, dass er gar nicht anders kann, als zu denken: So wie ich bin, bin ich voll in Ordnung. Und ist das nicht das höchste persönliche Gut? Sich so zu akzeptieren, wie man ist? Mit sich im Reinen zu sein? Ich garantiere: Auch der Mensch mit den größten Selbstzweifeln wird nicht umhinkommen, sich hier in seiner Haut wohlzufühlen. Jeder wird angenommen, ohne sich verstellen oder es jemandem recht machen zu müssen. Ich fühle mich hier rundum geliebt. Dieses Selbstwertgefühl meinen die Menschen wahrscheinlich, wenn sie etwas kryptisch davon sprechen, auf dem Jakobsweg zu sich selbst zu finden. Und jede Wette: Die Sehnsucht nach dieser Selbstzufriedenheit und der Menschlichkeit, die im Alltag manchmal auf der Strecke bleibt, ist auch ausschlaggebend dafür, dass so viele Pilger immer wieder auf den Jakobsweg zurückkehren. Ob manche Menschen wohl genau in dieser von Liebe geprägten Begegnung mit sich selbst auch Gott zu begegnen glauben?

Als ich mit meinen Gedanken an diesem Tag zu einem Ende komme, liegt bereits eine zweistellige Zahl an Kilometern hinter mir. Ein harscher Wind ist aufgezogen, und immer stärker werdender Regen erfordert den Einsatz meines Ponchos. Doch das juckt mich nicht, ich bin einfach froh, hier zu sein, und dankbar dafür, dass der Weg überhaupt noch da ist. Ich befinde mich in einem Zustand der Gleichmütigkeit, ich lamentiere nicht bei Regen und frohlocke nicht bei Sonnenschein. Der Jakobsweg gibt mir so viel Gutes, da spielen Äußerlichkeiten keine Rolle mehr.

Auch David hat sich gemeldet: Ihm ist gestern wie vermutet die Puste ausgegangen. Deshalb hat er sich ein paar

Kilometer vor Miraz auf das nächstbeste freie Bett gestürzt. Für heute schlägt er als Treffpunkt das Kloster in Sobrado dos Monxes vor. Dort soll es mehr als 100 Betten geben. Dass einer von uns leer ausgehen könnte, scheint ausgeschlossen.

Das Zisterzienserkloster mit seinen weithin sichtbaren Kirchtürmen, wo ich nach etwa 25 Kilometern gegen 15.00 Uhr eintrudele, ist unverkennbar ein Relikt des Mittelalters. Die kleinen Schlafsäle sind der Knaller. Vom Kreuzgang aus lassen sich durch schwere Türen zehn kammerartige Räume mit jeweils sechs Etagenbetten betreten. Die Betten sind u-förmig an den Wänden angeordnet, damit in der Mitte wie in einer Umkleidekabine Platz für eine Bank mit Garderobe ist. Die Wände haben keinerlei Verkleidung, sie bestehen aus offenem, grobem Mauerwerk mit teilweise ganz schön spitzen Steinen. Wenn ich nicht aufpasse, werde ich mir übel den Schädel stoßen. Über unseren Köpfen wölbt sich eine hohe Decke, und Fenster gibt es keine. Beleuchtet wird der Raum durch eine bessere Lichterkette, die einmal rundherum entlang der Wand verläuft. Wie bei einem guten Weihnachtsfest brennt nur jede zweite Lampe. Es ist düster, stickig und eng, das nenne ich stilecht.

Das Glück perfekt machen unsere Zimmergenossen. David und ich teilen die Kammer mit einer zehnköpfigen Truppe älterer Spanier, die laut und gewöhnlich sind. Was bin ich froh, dass der Vorschlag, hier zu schlafen, nicht von mir kam.

Am Nachmittag lassen es David und ich ruhig angehen. Wir sind beide müde von unserer Tour durch den Regen und dösen die meiste Zeit in unseren Betten. Nicht mal der Amerikaner hat sich aus Respekt vor der 100-Kilometer-Regel getraut, den Bus zu nehmen. Dabei stapeln sich die Pilgerurkunden doch eh schon bei ihm. Er bräuchte doch gar keine mehr. „Die gehört aber nun mal dazu“, protestiert er. „Sie hat für mich zwar keine große Bedeutung. Aber sollte ich irgendwann nicht mehr wissen, wie oft ich schon unterwegs gewesen bin, brauche ich nur die Zettel in meinem Schreibtisch zu zählen.“

7. Juni 2019

Santa Irene – Willkommen in der Hölle

DIE NACHT WAR EIN einziger Albtraum. Schon gestern hatte ich bei der spanischen Gute-Laune-Truppe ein ganz mieses Gefühl. Ihr nächtliches Benehmen hat meine schlimmsten Befürchtungen noch übertroffen. Es ist 4.00 Uhr, als von den alten Männern einer nach dem anderen auf die Toilette rennt. Kein Wunder, die haben den ganzen Abend gesoffen. Für die ist der Jakobsweg eine Halligalli-Veranstaltung, bei der man mal so richtig die Sau rauslassen kann. Das Problem: Obwohl die Herrschaften ihre Taschenlampen benutzen, stolpern sie wie Dick und Doof über ihre Rucksäcke. Die Kerle veranstalten einen Heidenlärm.

Das Schlimmste ist: Unter diesen Heinis befinden sich auch die mit Abstand nervigsten Schnarcher meiner Reise. Im Vergleich zu denen war Australier Jack ein friedlich schlummerndes Baby. Schlafen kann ich so natürlich nicht – und meine Nerven liegen zunehmend blank. Am liebsten würde ich durch den Raum brüllen und David fragen, ob wir abhauen wollen. Aber sollte wenigstens er schlafen, möchte ich ihn nicht wecken. Kurz vor dem Heulkrampf kommt mir eine Idee: Ich schreibe ihm einfach eine Nachricht. Einen

Versuch ist es wert, denn genau wie ich trägt er sein Handy nachts am Körper. Bingo. Kaum habe ich sie losgeschickt, sehe ich in seinem Bett ein schwaches Licht aufflammen. Wir sind uns einig: Nichts wie raus hier, aber sofort!

Um 5.30 Uhr tapern wir schlecht gelaunt und schweigend über nebelverhangene Wald- und Wiesenwege. Noch ist es dunkel, aber je höher die Sonne steigt, desto stärker beginnen die feuchten Felder zu dampfen. Unser Plan für die verbleibenden 60 Kilometer: heute 33, morgen 22 und Pfingstsonntag die letzten fünf. Dann sollten wir pünktlich um 12.00 Uhr in der Pilgermesse sitzen.

Sofern ich David Glauben schenken darf, war die heutige Nacht nur ein Vorgeschmack auf das, was uns ab Arzúa mitten auf dem Weg erwartet. „Nur so viel", lässt er mich wissen, „sollte dieser Richard noch immer den Teufel suchen, werden seine Chancen jetzt rapide steigen. Die restliche Strecke bis Santiago ist die reinste Hölle!"

Arzúa bedeutet eine echte Zäsur. Die Stadt ist sozusagen der Schmelztiegel, in dem es 38 Kilometer vor dem Ziel zum Zusammenprall der Kulturen kommt, wo Camino del Norte und Camino Francés aufeinandertreffen. Das Problem seien, wie David betont, aber nicht die normalen Francés-Pilger, denen genau wie uns Hunderte Kilometer in den Knochen stecken. Das Problem seien jene Menschen, die in Sarria gestartet sind, einer Stadt, die 120 Kilometer von Santiago entfernt liegt. Die Mehrzahl komme von dort und wolle nur so unkompliziert wie möglich die Compostela ergattern.

Vor dem Stadttor von Arzúa bleibt David auf einmal stehen. „Joe, das ist deine letzte Chance, nach Luft zu schnappen, nach der sonst keiner schnappt", plustert er theatralisch seine Brust auf, um tief einzuatmen. Dann fügt er wie ein Heerführer vor dem letzten Gefecht hinzu: „Auf in den Kampf!“

David sollte nicht übertrieben haben: Die Bürgersteige wimmeln nur so von rucksacktragenden Grüppchen. Und allein für diesen 7000-Seelen-Ort weist mein Pilgerführer 14 Herbergen auf. 14! So viele habe ich bisher in einer ganzen Woche nicht gesehen. Der Weg ist fortan voll von schnatternden Pilgerhüten und schlackernden Beinen. In Massen strömen ganze Kegelclubs und Schulklassen in Richtung Santiago. Die Menschen singen, grölen und hören laute Musik, hier geht es zu wie in Deutschland am 1. Mai. Ich gebe zu: So störend hatte ich mir das nicht vorgestellt.

Die Krone setzen dem Ganzen die Radpilger auf, die uns ständig von hinten zur Seite klingeln. Wo kommen die denn auf einmal alle her? Manche von ihnen sind sogar mit Elektroantrieb unterwegs und juckeln gemütlich die Berge hinauf. Ist das legal? Müssen die etwa auch nur 200 Kilometer zurücklegen? Irgendwie ist gerade alles seltsam, die Welt steht Kopf.

David und ich sind der Verzweiflung nahe. Mit unseren langen Beinen laufen wir, so schnell wir können, und überholen schwungvoll alles, was uns vor die Flinte läuft. „Nur noch die vier Spanier da vorne“, reden wir uns immer wieder gut zu, „dann haben wir ein bisschen Platz und Ruhe.“ Doch jedes Mal, wenn wir glauben, uns ein Stückchen Freiheit erkämpft zu haben, kommt am Horizont das nächste Grüppchen in Sicht. Oder es stürzen direkt vor unserer Nase Personen aus einer der unzähligen Bars zurück auf die Strecke. Es ist aussichtslos, und irgendwann resignieren wir. So sehr wir uns auch anstrengen, wir bleiben immer mittendrin stecken – als zwei winzige, unbedeutende Perlen auf einer prall gefüllten Schnur. David schwört, seit seinem letzten Camino sei es noch schlimmer geworden. Vielleicht liegt es aber auch am bevorstehenden Pfingstwochenende. Eigentlich wollten wir uns auch für ein paar Kilometer trennen, doch das können wir uns sparen. Die Zeit für sich und für erbauliche Gedanken ist vorbei.

Am frühen Nachmittag entscheiden wir uns extra für die einzige Bar, die nicht auf knalligen Händlerschürzen die günstigsten Pilgermenüs der Welt anpreist. Dennoch ist die Bude gerammelt voll. Da unsere Mägen knurren und wir die Hatz durch die Menschenmassen leid sind, begeben wir uns trotzdem an einen rustikalen Tisch in einer leicht von dunklen Balken verdeckten Ecke. Im Schutz der schweren Architektur hoffen wir auf ein entspanntes Mahl.

Während wir unsere hervorragenden Schnitzel verdrücken, an denen selbst Wien seine helle Freude hätte, bricht an einem Tisch in unserer Nähe ein erbitterter Streit los. Dort sitzen bei Tapas und Bierkrügen ausgerechnet fünf Deutsche. Zwei von ihnen kriegen sich derart heftig in die Wolle, dass sie sämtliche Blicke des überwiegend spanisch besetzten Gastraums auf sich ziehen. Teils belustigt, teils verstört legen die Menschen ihre Gabeln beiseite und starren wie im Zirkus gebannt auf die Manege.

Das hitzige Wortgefecht dreht sich um den Klimawandel und die angemessene Art, nach Spanien zu reisen. Ein hagerer Rotschopf in den Dreißigern und ein etwas kleiner geratener Glatzkopf im Rentenalter erheben unter den fassungslosen Blicken ihrer drei Begleiter immer lauter die

Stimmen. Überraschenderweise scheint der Ältere für den Klimaschutz ins Feld zu ziehen, während ihm der Jüngere die dümmsten Verschwörungstheorien auftischt, die ich je gehört habe. Er fühlt sich unheimlich auf den Schlips getreten und verteidigt seine Position um jeden Preis. Der Senior dagegen besteht mit ebensolcher Vehemenz darauf, dass es inakzeptabel sei und nicht zum Geist des Pilgerns passe, mit einem Flugzeug, das die Luft verpeste, auf den Jakobsweg zu jetten.

Wie bitte? Ich finde beide Positionen anmaßend. Der eine leugnet den Klimawandel mit haarsträubenden Thesen, und der andere will mir vorschreiben, wie ich den Geist des Pilgerns zu interpretieren habe. Für mich gehört zum Geist des Weges zum Beispiel auch, dass Menschen wie David aus aller Welt herbeigeflogen kommen. Hätte der etwa rudern sollen? Aber egal: Das soll jeder selbst entscheiden. Nicht, dass ich noch Gefahr laufe, mich einzumischen.

Die Schreihälse sind unterdessen von ihren Stühlen gesprungen und tauschen ihre Nettigkeiten im Stehen aus. Wie eine fleischgewordene Facebook-Kommentarspalte prügeln die beiden verbal aufeinander ein.

David schaut mich die ganze Zeit über fragend an. „Worum geht es da?“, will er vorgebeugt in einem Flüsterton wissen.

„Keine Ahnung, das müssen Schweden sein“, lüge ich, denn die Situation ist mir hochgradig peinlich. Ich schäme mich für meine Landsleute.

David lässt sich natürlich nicht täuschen und wirkt pikiert. „Wenn ich eines über Europäer gelernt habe“, entgegnet er mit anschwellender Stimme, „dann, dass alle Schweden sanftmütig sind und blonde Haare haben. Und diese Schießbudenfiguren sind weder sanftmütig noch haben sie blonde Haare. Das sind eindeutig Deutsche, die sprechen wie du!"

Okay, okay, ich räume meinen Schwindel ein, bitte David aber darum, das Gespräch auf später zu verschieben. Wir können einander eh kaum verstehen.

Ehrlich gesagt tun mir die beiden leid. Sie haben sich da eindeutig in etwas verrannt und scheinen nicht mehr dazu in der Lage zu sein, die nötige Distanz zur eigenen Anschauung zu wahren. Sie können es nicht ertragen, wenn jemand auch nur vorsichtig an ihren Überzeugungen rüttelt.

Irgendwann knallt der Jüngere dann 15 Euro auf den Tisch und stürmt mit seinem Rucksack aus der Bar. Mit einem Mal ist es mucksmäuschenstill. Niemand traut sich, etwas zu sagen, um nicht als Nächstes in den Mittelpunkt des Interesses zu rücken – am wenigsten die anderen Deutschen, die verlegen an ihren Krügen nippen.

Erst als sich der ältere Mann peinlich berührt aufs stille Örtchen verzieht, kehrt so etwas wie Normalität ein. Aus allen Winkeln ist wieder munteres Geplapper zu hören.

Den Rest des Tages rätseln David und ich darüber, woher die Kompromisslosigkeit kommt, mit der viele Menschen ihre Haltungen vertreten. Wir kommen nur auf diese eine Lösung: In einer säkularisierten Zeit, in der Gott für viele als sinnstiftender Rahmen entfällt, begeben sich die Menschen anderweitig auf die Suche nach Orientierung. Die einen finden Halt im Kampf gegen den Klimawandel, die anderen in Verschwörungstheorien. Sie empfinden es als ihren urpersönlichen Lebenssinn, sich in dem einen Fall zum Retter der Welt aufzuschwingen und im anderen zum Verfechter der vermeintlichen Wahrheit. Die Menschen brauchen etwas, wofür sie kämpfen können.

Mit diesen Gedanken vertreiben wir uns die Zeit. Ob wir richtig liegen, keine Ahnung. Der Weg wird jedenfalls nicht leerer, und auf den letzten Kilometern fühle ich mich regelrecht gehetzt. So viele Menschen, die uns die letzten Schlafplätze potenziell streitig machen könnten. Umso verblüffter bin ich, dass in der öffentlichen Herberge in Santa Irene, die für mindestens 60 Pilger ausgelegt ist, gerade einmal 15 Personen übernachten wollen.

8. Juni 2019

Monte do Gozo – Auf den Spuren von Roland dem Revolvermann

MEINE EINDRÜCKE DER heutigen Etappe gleichen denen von gestern: Der Weg ist brechend voll und die Belegschaft laut. David und ich versuchen erst gar nicht, das Tempo anzuziehen, um aus der Pilger-Polonaise zu entkommen. Wir haben längst kapituliert und lassen uns einfach als Teil des bunten Wallfahrer-Stroms gemächlich in Richtung Santiago treiben. Eine menschenfreie Zone zu finden, ist sowieso aussichtslos.

Dass ich Gott in diesem Tohuwabohu noch begegnen könnte, halte ich für unmöglich. Und wenn, würde ich ihn akustisch nicht verstehen. Meine Reise ist hier eindeutig beendet, die Luft ist raus. Das Gute ist: Unter diesen Bedingungen fällt mir das Abschiednehmen gar nicht mehr so schwer.

Der Weg führt uns durch dichte Wälder und an der gewaltigen, eingezäunten Landebahn des Flughafens von Santiago vorbei, der etwa 15 Kilometer außerhalb des Zentrums liegt. Übermorgen werde ich von hier zurück nach Deutschland düsen. Irgendwie absurd, dass ich überhaupt noch weiterlaufe – ich könnte doch auch einfach hier bleiben.

Nach meiner morgigen Ankunft werde ich 24 Stunden Zeit haben, um Santiago zu erkunden. Das muss reichen. Auch David hat nicht vor, sich lange in der Hauptstadt Galiciens aufzuhalten. Er plant, noch am Nachmittag weiter Richtung Finisterre zu ziehen. Dieses sogenannte Ende der Welt, einer der westlichsten Punkte Europas, befindet sich vier Tagesmärsche von Santiago entfernt.

Um 13.00 Uhr erreichen wir den Monte do Gozo, die letzte Bastion vor Santiago. Von diesem sogenannten Berg der Freude aus sind es nur noch fünf Kilometer bis zur Kathedrale. Die meisten legen hier eine Pause ein und tummeln sich vor dem markanten Denkmal zu Ehren Papst Johannes Pauls II. Das Monument wurde 1982 anlässlich seines Besuches in Santiago hier aufgestellt. Hunderte Menschen umkreisen den mächtigen, trapezförmigen Sockel und schießen Fotos von dem auf Kringeln thronenden Kreuz.

Während ich die Leute beobachte, packt mich David plötzlich bei den Schultern und sieht mich eindringlich an. Was ist denn jetzt los? „Okay, Joe“, sagt er und holt tief Luft. „Es ist so. Diesen Gang, die letzten Kilometer, mit all den Gedanken, die dir durch den Kopf gehen werden, musst du alleine bewältigen. Dieser Moment gehört dir.“

Bitte was? Perplex starre ich ihn an. Das kann er unmöglich ernst meinen. David klingt so, als würde er mit jemandem Schluss machen wollen. Ich protestiere natürlich und verneine empört. Er kann mich doch hier nicht einfach sitzen lassen, während er schon heute seelenruhig seine Reise beendet. Der spinnt ja wohl! Uns bleibt doch eh kaum noch Zeit, bevor wir uns morgen gezwungenermaßen wieder trennen müssen.

Wir diskutieren ewig am Rande des bevölkerten Platzes, doch David beharrt auf seiner Sicht. Bitte, dann soll es so sein. Sich zu streiten, ergibt ja auch keinen Sinn. Nachdem er mir dreimal hoch und heilig versprochen hat, dass er sich nicht klammheimlich aus dem Staub machen wird, stimme ich seinem Vorschlag zähneknirschend zu. Aber nur unter einer Bedingung! Dass wir zumindest auf dem Monte do Gozo noch etwas Zeit miteinander verbringen.

In den folgenden Stunden gehen wir eine Kleinigkeit essen und erkunden zusammen eine Kapelle. Anschließend sortiert sich David wieder in die Pilgerkarawane ein und treibt langsam bergab. Etwas niedergeschlagen blicke ich ihm hinterher und frage mich, ob er wirklich mir etwas Gutes tun möchte oder vor allem mit seinen eigenen Emotionen allein sein will. Sei es drum: Entschieden ist entschieden.

Mein Quartier beziehe ich in der etwas abseits gelegenen polnischen Herberge. Der Komplex ist riesig.

Während ich das Gelände erkunde, vernehme ich plötzlich seltsame „Hajaja“-Laute. „Hajaja.“ Das gibt es doch nicht! Ungläubig und aufgeregt bleibe ich stehen und schaue mich suchend um. In diesem Moment taucht zwischen zwei grauen Baracken der 80-jährige Japaner Hiroto auf. In einem blauen Santiago-T-Shirt mit einer leuchtenden gelben Muschel auf der Brust hechelt er fröhlich über den Rasen.

Wir können es schlicht nicht fassen, dass wir uns noch einmal wiedersehen. Hiroto war der erste Pilger, den ich in Spanien getroffen habe. Mit wedelnden Armen hat er mich aus 30 Metern Entfernung auf den richtigen Weg gelotst und damit den Reigen der Herzlichkeit auf dem Camino eröffnet.

Auch werde ich nie vergessen, wie der alte Herr mich trotz seiner beiden Rucksäcke auf den Treppen in Pasaia abgehängt hat. Ich habe meinen Augen nicht getraut und war der Verzweiflung nahe. Welch ein Glück, dass ich der Frohnatur noch einmal begegnet bin. Natürlich essen wir später auch gemeinsam zu Abend und plaudern über die vergangenen Wochen. So schließt sich der Kreis am Ende meiner Reise. Es fügt sich einfach so vieles auf diesem Weg, das ist unglaublich.

Gegen 20.30 Uhr verlasse ich noch einmal die Anlage. Müde durchstreife ich in der Abenddämmerung den großen Park des Monte do Gozo. Dieser wird gerade in ein Festivalgelände verwandelt. Provisorische Zäune stecken die Fläche ab, und Hunderte Toilettenhäuschen stehen bereits auf der Wiese. In der Mitte befindet sich eine große Freilichtbühne. Als ich das quietschbunte, an einem Zaun hängende Plakat betrachte, staune ich. Ab Donnerstag werden hier internationale Größen wie David Guetta, die Black Eyed Peas und – ich kann es kaum glauben – mein früherer Lieblingsmusiker Richard Ashcroft vor einer grölenden Menge stehen. Schade, da bin ich wohl ein paar Tage zu früh.

Auf einer Anhöhe stoße ich auf zwei 3,50 Meter hohe Statuen. Die beiden Figuren werden von den letzten Sonnenstrahlen des Tages beworfen und sehen aus wie Pilger von vor 500 Jahren. Sie tragen Sandalen und lange Gewänder, sind bärtig und recken jeder einen Wanderstab in den rötlich gefärbten Himmel. Ich bin der Einzige hier und nähere mich mit Ehrfurcht den beeindruckenden Gestalten. Über der Szenerie liegt eine etwas schwermütige Atmosphäre. So still wie jetzt ist es an diesem Ort wahrscheinlich nur selten. Alles, was ich höre, sind in der sanften Brise raschelnde Büsche.

Erst jetzt fällt mir auf, dass die Blicke der Statuen denselben Punkt fixieren. Arglos folge ich ihnen und kriege eine Gänsehaut. Zwischen Baumwipfeln und Dächern ragen in weiter Ferne die Türme der Kathedrale von Santiago de Compostela in den farbenfrohen Himmel. Ich bin baff! Nach 900 gelaufenen Kilometern habe ich mein Ziel vor Augen, es ist zum Greifen nah.

Nun werde ich doch wieder wehmütig. Mist, ich dachte, das hätte ich hinter mir. Mit schwerem Herzen lasse ich mich auf den Boden sinken und lehne mich, den Blick auf Santiago geheftet, mit dem Rücken gegen eine der Statuen. Irgendwie fühlt es sich falsch an, den letzten Schritt zu gehen. Ich komme mir vor wie Roland der Revolvermann aus Stephen Kings epischem Achtteiler „Der Dunkle Turm“. Achtung Spoiler: Mehr als 4000 Seiten begleitet der Leser den Protagonisten auf der Suche nach besagtem Turm, der einen Schlüssel darstellen soll für die Rettung von Rolands Welt. Als er dort ankommt und durch die entscheidende Tür tritt, wird er zurück in eine Wüste katapultiert, an den Anfang seiner Reise. Ohne Erinnerung an seinen letzten Versuch beginnt er seine Suche nach dem Turm von Neuem.

Die Geschichte ist eine herrliche Metapher auf den Jakobsweg. Auch das Ende meiner langen Reise hat die Rückkehr an den Anfang zur Folge. Und ob ich klüger sein werde, das muss sich erst zeigen. Welche meiner Erkenntnisse werden mit nach Deutschland fliegen? Wird die innere Zufriedenheit bleiben? Oder wird auch mich der Eindruck beherrschen, als wäre nie etwas passiert?

Mit einem flauen Gefühl im Magen blicke ich auf meine Türme, als müsste ich morgen eine Mathearbeit schreiben. Noch nie habe ich die Bedeutung der Worte „Der Weg ist das Ziel“ so intensiv gefühlt wie heute. Der Weg im Sinne eines Nicht-Ankommens oder noch besser: eines Schon-angekommen-Seins. Man muss es wörtlich nehmen und darf den Weg nicht verlassen. Wie ein bockiges Kind verschränke ich die Arme. Am liebsten würde ich mich der Ankunft einfach verweigern und auf ewig hier oben verharren, zu einer Skulptur gegossen, als Teil des Weges, der so friedlich ist, so voller Liebe und Freiheit. Groß genug wäre ich ja fast.

9. Juni 2019

Santiago de Compostela – Freudentaumel

SANTIAGO, ICH KOMME! Auch wenn die Verlockung groß ist, hier einfach Wurzeln zu schlagen, bringe ich meine Reise jetzt zu Ende. Um Punkt 8.40 Uhr begebe ich mich auf den sanft abwärts führenden Weg in Richtung Stadt. Die Türme der Kathedrale verschwinden zügig hinter den gefühlt immer höher werdenden Dächern. Dafür klettert die Sonne am leicht bewölkten Himmel stetig empor. Das nenne ich einen würdigen Empfang!

Fünf Kilometer liegen zwischen mir und meinem Ziel. Jetzt nur nicht mehr stolpern. Die Gefahr ist durchaus real, denn mein Gang ist heute ungewohnt schmissig. Der Grund: Zum Abschluss dehne ich das Regelwerk noch einmal bis zum Äußersten. Da ich eine weitere Nacht in meiner Herberge bleiben möchte, habe ich meinen Rucksack einfach dort gelassen. Warum auch nicht? In die Kathedrale dürfte ich den eh nicht mitnehmen. Wozu soll ich mir also die Mühe machen, ihn mitzuschleppen, wenn ich ihn dann ohnehin irgendwo einschließen muss? Bevor jemand Betrug wittert: Morgen werde ich die Strecke noch einmal mit Gepäck bewältigen, bevor es nachmittags von Santiago aus zum Flughafen geht.

Der Weg führt mich vor allem an Straßen entlang. Ich habe Glück, dass Sonntag ist und die meisten Autos brav an den Parkstreifen kleben. So ist es angenehm ruhig. Auch Pilger sehe ich kaum. Woher sollten sie so früh auch kommen, wenn nicht vom Monte do Gozo?

Besondere Gedanken schwirren mir nicht durch den Kopf. Keine Ahnung, was David erwartet hat. Ein gewisses Kribbeln kann ich aber nicht leugnen. Fast fünf Wochen war ich unterwegs. Ich laufe unbestreitbar auf das Ende einer kleinen Ära zu. Wie wird es mir zu Hause wohl ergehen?

Santiago macht es ganz schön spannend. Bis zum letzten Meter durch die engen Gassen der historischen Altstadt tauchen die Kathedralentürme nicht wieder auf. Und dann stehe ich auf einmal unvermittelt vor ihnen. Durch einen kleinen Tunnel betrete ich den riesigen Plaza del Obradoiro, der gesäumt wird von der Kirche und drei historisch anmutenden Gebäuden: der Universität, der Stadtverwaltung und einem heutigen Hotel. Staunend blicke ich auf das gewaltige Gotteshaus. Ich bin am Ziel!

Der Andrang hält sich so früh noch in Grenzen. Manche Menschen knipsen Fotos, andere sitzen im Kreis und tauschen sich aus. Mittendrin erspähe ich erleichtert David, und meine Mundwinkel weiten sich zu einem breiten Grinsen. Ist er also doch nicht geflohen! Strahlend rase ich auf den Amerikaner zu, hüpfe ihm vor Freude in die Arme und umklammere mit meinen Beinen seine Hüfte. David erschreckt sich fürchterlich und kippt unter der Last meines Gewichts fast hintenüber. Er taumelt, ächzt und lacht. „You made it“, ruft er. Du hast es geschafft! Und auch ich kann nach 900 gewanderten Kilometern einen Anflug von

Stolz nicht verhehlen. Ich habe eine Pilgerreise beendet, wer hätte das für möglich gehalten?

Erleichtert lässt mich David wieder zu Boden und fasst sich in gekrümmter Haltung ans Kreuz. „Mannomann, ich muss dringend mal wieder ins Fitnessstudio", stöhnt er und kichert.

Nachdem ich mich für einen Moment ausgeruht habe, reihen wir uns in die Schlange im nahegelegenen Pilgerbüro ein. Wie im Bürgeramt werden die Menschen nacheinander zu einem von sieben Schaltern gerufen. Ganz schön bürokratisch.

Eine streng wirkende Frau mit Zwicker auf der Nase blättert angeregt durch meinen Pilgerpass. Zwischendurch schaut sie kritisch zu mir auf, aber ohne eine Frage zu stellen. Dann die erlösende Nachricht: Ich habe bestanden! Auch David muss keine Einwände aus dem Weg räumen. Und so halte ich, Ioannes Zenker, wenige Augenblicke später meine Urkunde in lateinischer Sprache in Händen. Hätte nicht gedacht, dass mein mühsam während des Studiums erlangtes Latinum doch noch zu etwas gut sein könnte.

Die vergleichsweise kleine Kirche San Francisco platzt zur Pilgermesse aus allen Nähten. Viele müssen stehen und lehnen an den Säulen, andere setzen sich auf den Boden. Solange die Kathedrale von innen restauriert wird, ist sie für diese Anlässe gesperrt.

Der Gottesdienst ist schön, und trotzdem platzt mir währenddessen fast der Kragen. Immer wieder strecken Menschen ihre Smartphones in die Luft. Entweder fotografieren sie den Pfarrer bei der Predigt oder filmen ihn gar beim Singen. Wohlgemerkt keine Teenager, sondern Männer und

Frauen jenseits der 40. Was soll das? Was ist aus dem guten alten Innehalten, Stillsitzen, Zuhören und In-sich-Kehren geworden? Ständig zappelt jemand und nimmt den anderen die Sicht, vermutlich aus Angst, sich diesen Moment ohne Erinnerungsstütze nicht ins Gedächtnis rufen zu können. Vielleicht war er dann für die betreffende Person auch einfach nicht so wichtig. Ich jedenfalls sauge die Magie eines schönen Augenblickes lieber direkt auf, anstatt ihn mir später auf Video anzuschauen. Gott, ich klinge schon wie mein Opa. Der Jakobsweg hat mich offenbar nicht nur körperlich um 60 Jahre altern lassen.

Nach der Messe laufen David und ich zurück zur Kathedrale. Der Platz ist mittlerweile voller Menschen, die einander herzen und umarmen. Natürlich wuseln hier auch Touristen herum, doch die meisten sind Pilger. Viele Neuankömmlinge lassen sich einfach rücklings auf den Boden fallen und atmen erst mal tief durch. Andere stemmen ihre Fahrräder in die Luft. Ein Deutscher brüllt seine Erleichterung geradezu heraus. „Ja, Mann!", schreit er über den gesamten Platz und reckt die Fäuste gen Himmel. Dann sinkt er auf die Knie und vergräbt das Gesicht in den Händen. Spontaner Applaus brandet auf, und offensichtlich Fremde gratulieren ihm und klopfen ihm auf die Schulter. Eine rührende Szene. Dieser Platz ist ein einziger Ort der Glückseligkeit, wir blicken nur in fröhliche Gesichter.

Wir besichtigen auch das Innere der mit Gerüsten ausstaffierten Kathedrale, in deren Mitte an einem langen Seil der Botafumeiro hängt. Das 1,50 Meter große Weihrauchfass, das im Normalbetrieb über die Kirchenbänke schwingt und seinen Duft verströmt, ist für viele der Höhepunkt der

Messe. Auch er steht momentan still. Das Ritual, die Statue des Apostels zu umarmen, sparen wir uns. Die Schlange führt einmal im Rund durch die Kirche, das ist es uns nicht wert. Pfingstsonntag in Santiago anzukommen, war nicht die schlauste Idee.

Am frühen Nachmittag lassen David und ich uns in einem Restaurant so richtig verwöhnen. Das haben wir uns verdient! Die Gänge, die uns vor die Nase gesetzt werden, kann ich kaum zählen. Den Nachtisch kriege ich nur mit Mühe und Not noch runter, und David graut es schon vor seinen heute noch zu absolvierenden Kilometern.

Das gemeinsame Mahl ist ein würdiger Abschluss meiner Reise. Zusammen lassen David und ich den Weg Revue passieren und erinnern uns an unsere erste Begegnung bei den Zwölf Stämmen. An jenem Tag haben wir kein Wort miteinander gewechselt. Zum Glück haben wir uns in San Sebastián wiedergesehen. Dort hat es zwischen uns gefunkt. David äfft genüsslich nach, wie ich hysterisch vor ihm gestanden und mich über die Sekte echauffiert haben soll. Ich bestreite natürlich alles und zweifele sein Erinnerungsvermögen an. Ich hysterisch? Kann gar nicht sein. Womöglich war ich etwas verstimmt, aber den Grund dafür habe ich ruhig und besonnen zur Sprache gebracht …

Unglaublich, wie schnell das jetzt alles ging. Einen Monat war ich von zu Hause fort, lang genug, dass die Erinnerungen an mein normales Umfeld verschwommen sind, und doch kommt mir meine Ankunft in Irun wie gestern vor. Ich sehe mich noch im Bus sitzen, voller Neugier und Vorfreude, nicht wissend, was mich erwartet, und irgendwie doch ein anderer Mensch. Um 5.30 Uhr bin ich durch das dunkle Örtchen geirrt und auf der Suche nach dem ersten Pfeil in den düsteren Güterbahnhof gelatscht – immer mit der Angst im Nacken, dass mir ein wilder Schlägertyp auflauern könnte. David stockt der Atem. Von meiner turbulenten Nacht am Bahnhof hatte ich ihm nie erzählt.

Wir geben uns alle Mühe, immer neue Erinnerungen hervorzukramen, um den unheilvollen Moment des Abschieds hinauszuzögern. Doch irgendwann hat unser letztes gemeinsames Stündlein geschlagen. Zurück auf dem Plaza del Obradoiro, machen es David und ich wie echte Männer. Erst sagen wir einander cool „Goodbye", und dann liegen wir uns doch mit tränengefüllten Augen in den Armen. David war ein echter Freund. Und das lasse ich ihn auch wissen. Darauf drückt er mich nur noch fester an sich. „Suche immer weiter", gibt er mir mit auf den Weg. „Vielleicht hast du die Antworten auf deine Fragen aber auch schon längst gefunden und willst es nur noch nicht wahrhaben." Typisch David, er muss immer das letzte Wort haben. Dann verlasse ich den Platz zur einen, und er verlässt ihn zur anderen Seite. Von nun an gehen wir wieder getrennte Wege, in entgegengesetzte Richtungen.

Epilog

IN DER ABENDDÄMMERUNG schlendere ich wieder durch den Park des Monte do Gozo, entspannt mit hinter dem Rücken verschränkten Armen. Was wird von meiner Reise bleiben? Lässt sich ein Fazit ziehen? Was das Materielle betrifft, bestimmt, das ist einfach. Besonders schlimm hat es meine Schuhe erwischt. Vor allem an der Ferse sind die Sohlen vollends hinüber. Am rechten Schuh hat sich das Gummi derart rapide abgelöst, dass sich Löcher gebildet haben und Hohlräume zum Vorschein gekommen sind. Oder wie Julia es nannte: ein ausgeklügeltes Wabensystem. Da auch die Einlegesohle durchlöchert ist, kann ich teilweise durch den Schuh hindurchgucken. Die linke Latsche dagegen ist in dieser Hinsicht noch halbwegs intakt. Ich frage mich: Was sagt das über meinen Gang und meine Körperhaltung aus? Was die Stuhlprobe dem Hausarzt, könnten diese Schuhe meinem Orthopäden sein. Aber sie haben durchgehalten. Nimm das, Julia!

Auch meine Hose ist ein Fall für den Müll. Aufgrund meiner Ausflüge in hüfthohe Felder mit Dornengestrüpp ist sie von oben bis unten mit Löchern übersät.

Mein Reiseführer ist eine zerfledderte Katastrophe, ein Bündel aufgequollenes Papier. Allein am Zustand der Seiten erkenne ich, auf welchen Etappen es geregnet hat. Insgesamt ist der Umfang meines Büchleins mindestens um das Doppelte gewachsen. Ich fürchte, es wieder zu verkaufen, kann ich mir abschminken.

Körperlich geht es mir aber gut. Muskelkater hatte ich zuletzt nur noch vereinzelt, und von Blasen bin ich über die gesamte Reise hinweg weitgehend verschont geblieben. Nur ein bisschen mager bin ich geworden. Statt vorher 84 Kilo bringe ich jetzt nur noch 76 auf die Waage. Ich habe einfach zu wenig gegessen, hatte aber auch komischerweise selten ein echtes Bedürfnis danach. Ich habe das immer Zufriedenheitsfasten genannt als Gegenteil von Frustessen.

Aber wie sieht es in meinem Inneren aus? Und habe ich meine Ziele erreicht? Bei meinen Fragen nach Gott und dem Sinn des Lebens habe ich auf den ersten Blick keinen entscheidenden Durchbruch erzielt. Ich glaube nicht an Gott, und doch weiß ich, dass es ihn gibt. Diesen Widerspruch habe ich bis zum Schluss nicht auflösen können. Erschienen ist er mir jedenfalls nicht.

Vielleicht erscheint Gott aber auch nicht, sondern er ist immer schon da. Und man muss bloß die Sinne richtig schärfen, um ihn wahrzunehmen. Ich glaube: Wer Gott spüren möchte, wird auf dem Jakobsweg fündig, zum Beispiel in der besonderen Kultur des Zusammenlebens, die ich hier erfahren durfte. Womöglich manifestiert er sich auf Erden ja auch gar nicht anders als in dem Freudentaumel, wenn Menschen nett zueinander sind. Oder in dem Gefühl der tiefen inneren Zufriedenheit mit sich selbst. Das diffuse wohlige Gefühl, das wir mit Gott in Verbindung bringen, ist auf dem Jakobsweg auf jeden Fall präsent. Ob das an seiner Anwesenheit liegt oder an unserer Wahrnehmung, muss offenbleiben. Meine Suche wird auf jeden Fall weitergehen.

Und wie ist es um den Sinn des Lebens bestellt? Ich fürchte, dass die Lösung dieser Frage zu sehr davon abhängt, ob es einen Schöpfer gibt oder nicht. Was sonderbar ist: Mir will nach wie vor kein Problem einfallen, das noch eines wäre, wenn es den Menschen nicht gäbe. Aber auch mit diesem Ergebnis werde ich mich nicht zufriedengeben. Das Blöde: Die beste Chance, einer bislang unentdeckten Wahrheit auf die Spur zu kommen, scheint in den noch unerreichbaren Tiefen des Weltalls zu liegen, denn die Erde haben wir erschöpfend auf ihre Geheimnisse abgeklopft.

Trotz der bleibenden Ungewissheiten muss uns nicht bange sein. Zu meiner wichtigsten Erkenntnis kam ich auf dem Friedhof in Zumaia. Dank ihr blicke ich so entspannt in die Zukunft wie nie. Sie lautet: Es gibt keinen Grund, Angst vor dem Tod zu haben. Eigentlich existieren ja nur zwei Alternativen. Entweder landen wir bei Gott, der uns das ewige Leben schenkt, oder wir verpuffen im Nichts und können uns genau darüber nicht mehr beklagen. Ich finde, beide Varianten haben etwas Beruhigendes.

Die wichtigste Konsequenz aus dieser Einsicht ist mir in Zumaia noch entgangen. Meines Erachtens spricht nur wenig dafür, das Leben allzu ernst und verkrampft anzugehen. Denn welche Bedeutung könnten schon 80 läppische Jahre hier auf Erden haben in Erwartung der Ewigkeit oder des Nichts? Sie würden ganz schön verblassen.

Selbst im Falle einiger schlechter Phasen in unserem Leben bräuchten wir den Kopf nicht in den Sand zu stecken. Entweder belohnt Gott den Armen für seine Geduld, oder das

Nichts löscht die Erinnerungen an ein gutes Leben genauso unwiederbringlich aus wie die an ein schlechtes. Der Tod sorgt für Gerechtigkeit, darauf dürfen wir vertrauen. Er gibt jedem alles oder allen nichts.

Das mag ein bisschen ernüchternd klingen, in Wahrheit ist es vor allem befreiend. Dabei geht es keinesfalls um Gleichgültigkeit, sondern um eine Form von heiterer Gelassenheit. Wer sich der Relativität des Seins bewusst ist, lässt sich von den Wendungen des Lebens nicht so leicht aus der Bahn werfen. Er hofft auf das Beste und fürchtet das Schlimmste nicht. Dem Ziel, ein glückliches Leben zu führen, lässt sich so nahe kommen. Wie es auch wird, es wird gut – ob nun ein tieferer Sinn existiert oder nicht.

Grund zur Verzweiflung haben eigentlich nur jene, die den Druck verspüren, ihr Leben mit einem Höhepunkt nach dem nächsten füllen zu müssen, die sich dazu genötigt fühlen, an jedem Tag so zu leben, als könnte es ihr letzter sein, und die sich von der Jagd nach Sensationen und Reichtümern vereinnahmen lassen. Sie müssen doch früher oder später auf die Nase fallen. Sie drohen zu gehetzten Kreuzfahrt-Touristen zu werden, die alles gesehen haben und doch nichts kennen.

Unabhängig von den großen Fragen wird der Jakobsweg mich gestärkt in den Alltag entlassen. Nie habe ich mich derart angenommen gefühlt wie auf dieser Reise. Und nie habe ich mich derart im Einklang und Frieden mit mir selbst befunden, mit meinem Körper und meinem Charakter. Und die Gespräche mit anderen Pilgern zeigen: Ihnen geht es genauso. Dass man eine unerschütterliche Zufriedenheit mit sich selbst entwickelt – das ist vielleicht die größte und greifbarste Macht, die dem Jakobsweg innewohnt.

Aber das sind nur meine Wahrheiten. Die Gründe der Menschen, sich auf diesen Weg zu begeben, sind genauso vielfältig wie die Erkenntnisse, die sie mit nach Hause nehmen. Der Jakobsweg ermutigt jeden, seine eigene Wahrheit zu finden, und stellt dafür allen die gleichen Ausgangsbedingungen zur Verfügung: Die schöne Landschaft macht ohne Zweifel einen großen Reiz des Pilgerns aus. Es ist aber vor allem das Gefühl der Freiheit, das Muskelkater und Blasen vergessen lässt: das Zur-Ruhe-Kommen in der Natur ohne den Druck, irgendwas erledigen zu müssen, die Unbeschwertheit fernab des alltäglichen Wahnsinns mit Ablenkungen und Reizen im Übermaß sowie die Erkenntnis, dass eigentlich alles, was man zum Leben braucht, in einen Rucksack passt. Dieser Minimalismus, der im Kontrast zum Überfluss unseres normalen Lebens steht, macht den Geist frei, um zu sich selbst zu finden und über jene Fragen nachzudenken, die in der Heimat oft zu kurz kommen. Was sich daraus ergibt, ist individuell verschieden.

Der Workaholic, die Arbeitslose, das alleinerziehende Elternteil, der frisch Verlassene, die Hinterbliebene und der Orientierungslose – sie alle werden mit den Fragen konfrontiert: Wenn ich auf einmal nicht mehr nur funktionieren muss, wenn ich plötzlich und unerwartet auf mich allein gestellt bin, wenn die Ablenkungen fehlen, mit denen ich die in mir schlummernden Fragen betäube – wer bin ich dann eigentlich wirklich? Wer will ich sein? Und wie sehe ich die Welt?

Als Roland der Revolvermann in der Wüste wieder erwacht, ohne Erinnerung an den Turm, trägt er im Gegensatz zum Beginn der Buchreihe ein Horn bei sich. Dieser

Gegenstand könnte nötig sein, damit sein erneuter Anlauf erfolgreicher endet. Auch ich werde einen Schlüssel bei mir tragen, wenn ich in den Alltag zurückkehre. Ich trage die wertvolle Gewissheit in mir, dass es einen Ort gibt, der immer für mich da ist, an dem ich mit offenen Armen empfangen werde und an dem ich mich verkriechen kann, sollte es einmal nötig sein. Mit dieser Sicherheit im Gepäck verlasse ich frohen Mutes diesen Weg.

Wieder komme ich an den bunten Festival-Plakaten vorbei und lese den Namen Richard Ashcroft, früher einmal Sänger der britischen Band The Verve. Ich gehe weiter zu den Statuen und lasse mich erneut zu ihren Füßen nieder. Etwas ist anders als gestern, ich fühle mich ihnen nicht mehr verbunden. Ich habe die Grenze überschritten und bin bereit, nach Hause zu fahren. Mit einem Lächeln klaube ich die letzten Bytes meines spanischen Datenvolumens zusammen und höre mein erstes selbst gewähltes Stück Musik seit fast fünf Wochen. In der untergehenden Sonne mit dem Blick auf die Kathedrale und die Dächer Santiagos lausche ich den Klängen von The Verves „Lucky Man" und denke zufrieden an meinen Camino, an die große Schnitzeljagd durch den Norden Spaniens.

ENDE

Anmerkung

1 https://www.vaticannews.va/de/papst/news/2019-04/papst-benedikt-xvi-wortlaut-aufsatz-missbrauch-theologie.html (zuletzt besucht am 14.11.2021)

Der Verlag weist ausdrücklich darauf hin, dass im Text enthaltene externe Links vom Verlag nur bis zum Zeitpunkt der Buchveröffentlichung eingesehen werden konnten. Auf spätere Änderungen hat der Verlag keinerlei Einfluss. Eine Haftung des Verlages ist daher ausgeschlossen.

MIX
Papier aus verantwortungsvollen Quellen
FSC® C014496

1. Auflage 2022
Best.-Nr: 835341
ISBN 978-3-86334-341-5

Umschlaggestaltung: Olaf Johannson / www.spoondesign.de
Umschlagmotiv: Johannes Zenker (Hintergrund);
Deborah Pulverich (Porträt)
Fotos im Bildteil: Johannes Zenker
Lektorat: Sarah Koller
Satz: Vornehm Mediengestaltung, München
Druck und Verarbeitung: GGP Media GmbH, Pößneck
Printed in Germany

www.adeo-verlag.de